KB210678

성경 내비게이션

Originally published under the title of

GETTING MORE FROM YOUR BIBLE

Published by Media Ministries®,
Wheaton, Illinois 60187, U.S.A.

성경 내비게이션

테리 홀 지음 ● 배응준 옮김

규장

물고기 잡는 법을 배우라!

먼저 이 책을 펼친 한국 독자들에게 감사의 인사를 전한다. 당신이 하나님의 말씀인 성경에 관심을 가지고 성경에서 무엇인가 더 얻기를 원한다는 사실이 나는 매우 기쁘다.

그동안 한국의 기독교는 빠르게 성장했다. 그런 한국의 크리스천들에게 이 책이 소개된다고 생각하니 흥분을 감출 수 없다. 과거에 나는 이 책의 내용을 기반으로 한국에서 영적 성장에 관한 세미나를 개최한 적이 있다. 세계 여러 지역에 있는 한국인들을 대상으로 동일한 세미나를 연 경험도 있다.

모든 크리스천에게는 성경이 필요하다. 성경은 단순히 침대 옆이나 선반 위에 올려두는 용도의 책이 아니다. 성경은 우리 인생에 막대한 영향을 끼치는 하나님의 가르침이다. 성경은 우리의 눈을 천국으로 향하게 하고, 날마다 우리의 삶을 인도하며, 우리의 비전과 영적인 힘을 새롭게 한다. 그러나 하나님 말씀을 수동적으로 듣거나 그저 읽기만 하는 것은 당신의 영성을 개발하는 데 충분치 않다. 당신은 성경에 있는 하나님의 말씀을 당신 자신에게 친근한 말로 받아들이고, 자신의 일상적인 필요와 행동에 그것을 적용해야 한다.

10대 청소년이었을 때, 나는 신앙적인 면에서 어린아이와 같았다. 나는 영적으로 성장하기를 소망했다. 주변 사람들이 성경을 읽어보라고 권할 때마다 나는 어떻게 읽어야 하는지 배우기를 원했다. 그러나 나는 나 스스로 성경에서 많은 것을 얻을 수 없었기에, 성경이 무엇이라고 말씀하는지 가르쳐주는 다른 사람들의 말에 의지하게 되었다.

물론 나는 그런 방식으로 많은 것을 배웠다. 하지만 개인적으로 성경의 진리를 탐구해내는 기쁨과 성경의 저자이신 하나님과 깊이 교제하는 기쁨을 누리지는 못했다. 마치 내가 사랑하는 연인이 보낸 연애편지를 다른 사람에게 대신 읽고 해석해달라고 부탁하는 것과 같은 심정이었다.

그러다가 마침내 나는 성경을 재미있게 읽고 공부하는 실제적인 방법을 발견했다. 이런 효과적인 성경공부 방법을 사용하는 사람이라면 포테이토칩을 먹듯이 성경을 조각조각 읽지는 않을 것이다. 그렇다면 어떻게 성경읽기의 즐거움을 누릴 수 있을까?

이 책에는 효과적인 성경공부 방법 7가지가 제시되어 있다. 이것들은 모두 단순하고 기본적인 방법이지만, 당신은 이 방법을 통해 심오한 내용에까지 이를 수 있다. 이 방법들은 나 자신에게 매우 유익했고, 이 방법을 실천한 다른 사람들에게도 그러했다. 따라서 성경공부에 대한 열의를 갖고 있는 당신에게도 매우 유익하리라 생각한다.

이 방법을 한꺼번에 모두 실천에 옮기라고 말하는 것이 아니다. 대신 오늘 당신이 하나님과 하나님의 말씀을 묵상할 때 할 수 있는 한 가지 방법을 실천에 옮겨보라고 권하고 싶다. 당신이 지금 실행에 옮길 수 있는 방법부터 시작하라. 그런 다음 다른 방법도 시도해보라.

그렇지만 이 책은 어디까지나 성경의 조력자일 뿐이다. 하나님의 영감(靈感)으로 된 성경을 우리에게 주신 성령님이 또한 성경을 이해하도록 도우시는 분이라는 사실을 잊지 말라.

시편기자의 기도가 당신의 기도가 되기를 소망한다.

"내 눈을 열어서 주의 법의 기이한 것을 보게 하소서"(시 119:18).

성령님의 도우심으로 말미암아, 당신은 이 책에 제시된 방법들을 통해 성경에서 더 많은 것들을 얻을 뿐만 아니라 하나님의 말씀을 당신의 삶에 적용하게 될 것이다.

탈무드에 나오는 유명한 말이 있다.

"소년에게 물고기 한 마리를 잡아주면 한 끼 식사가 해결되지만, 그에게 물고기 잡는 법을 가르쳐주면 평생의 식사가 해결된다."

나와 함께 물고기 잡는 법을 배우러 떠나지 않겠는가?

테리 홀

Terry Hall

당신의 심령에 성경 내비게이션을 장착하라!

대만 출신으로 지금 할리우드에서 주가를 높이는 리안(李安) 감독이 1994년에 제작한 〈음식남녀〉라는 영화가 있다. 거기서 일류 호텔의 유명한 셰프(chef, 요리사)로 나오는 주인공이 펼쳐 보이는 현란한 칼 솜씨가 잊혀지지 않는다. 음식의 재료와 결에 따라 때로는 큼직큼직하게 숭숭 썰고, 때로는 채를 치듯 가늘게 써는 재빠른 칼질이 일품이었다.

테리 홀의 이 책은 우리의 영적 음식의 주재료인 성경 본문을 어떻게 크게 썰고, 어떻게 잘게 썰어서 맛있는 음식을 만들어 우리의 자양분으로 삼아야 할 것인가를 보여주는 레시피이다. 테리 홀은 성경을 정말 맛깔스런 영적 음식으로 만들 줄 아는 특급 셰프이다. 그의 레시

피인 이 책을 탐독해서 당신 것으로 체화(體化)할 때 비로소 당신도 솜씨 있는 영적 요리사의 세계에 들어서게 될 것이다.

어떤 사람들은 성경은 무조건 많이 읽기만 하면 된다고 말한다. 이것도 그 나름의 장점이 있겠지만, 많은 시간이 소요될 것이다. 이것은 대책 없이 길을 나섰다가 헤매는 것을 감수하는 방식이기도 하다. 이런 식의 성경공부는 맨땅에 헤딩하는 것이나 마찬가지이다. 차에 내비게이션을 장착했을 경우, 우리가 초행길을 갈 때에도 방황하지 않고 첩경으로 갈 수 있는 것처럼, 이 책은 까마득해 보이는 우리의 목적지, 즉 방대한 성경 66권을 내 영적 자양분으로 삼는 그 경지의 첩경으로 우리를 안내해주는 내비게이션이다.

성경공부법에도 요령과 지름길이 있다. 이 책은 그것을 잘 짚어준다. 테리 홀은 효과적인 성경공부 방법을 7단계(듣기, 읽기, 공부, 암송, 묵상, 적용, 나눔)로 나누어서 어떻게 그 단계 하나하나를 터득하여 말씀을 온전히 내 것으로 삼는 경지에까지 이를 수 있는지 친절히 안내한다.

이 책은 이미 출간된 저자의 다른 두 책 《성경 파노라마》와 《성경 익스프레스》를 통해 성경을 종합 개관한 독자가 이제 자신이 직접 성경 본문을 연구 묵상하여 자기 것으로 소화하도록 하는 데 주목적이 있다.

우리가 어릴 때는 부모가 숟가락으로 음식을 떠먹여주었지만, 성장하면 자신이 직접 음식을 떠먹을 뿐만 아니라 음식을 조리해 먹기까지 한다. 우리가 언제까지 남이 이해한 말씀만 받아먹는 수동적인 자리에 있어야 하겠는가? 이제 직접 성경을 읽고 그 의미를 이해하고 해석하여 자신의 피와 살로 만들 줄 아는 자리에 서야 할 것이다. 이 책은 그 길로 안내하는 내비게이션이다.

요리를 배울 때는 레시피에 따라 직접 음식을 만드는 실습을 해봐야 그 요리법이 자기 것이 된다. 저자도 이 책에서 우리에게 성경을 어떻게 요리해야 하는지를 실습을 통해 가르친다. 도표를 만들라고도 할 것이고, 성구사전이나 성경사전을 활용하라고도 할 것이다. 저자의 지침대로 실습하고 따라 하다보면 어느새 기초가 튼실한 성경해석자로 서 있는 당신의 모습을 발견하게 될 것이다.

그러나 이 과정이 딱딱하고 지루한 것은 결코 아니다. 《성경 파노라마》와 《성경 익스프레스》 독자라면 이미 체험했겠지만, 테리 홀 특유의 연상법과 유머러스한 성경 스토리 소개가 흥미를 배가해줄 것이다.

마르틴 루터는 '만인 제사장'을 외치며 종교개혁의 기치를 높이 들었다. 그리하여 목회자만이 아니라 평신도도 제사장임을 역설했다. 그러나 자신이 제사장이라고 외친다고 제사장이 되는 것은 아니다. 제사장은 제사장으로서의 영적 실력을 갖추어야 한다. 말씀에 깜깜한 자는 제사장이 될 수 없을 뿐더러 제사장의 자격이 없다.

오늘 가정에서, 학교에서, 일터에서 제사장으로 굳게 서기 위해 당신의 심령에 '성경 내비게이션'을 장착하라!

규장 편집국장 김응국 목사

차례 CONTENTS

성경
내비게이션
성경공부의 필요성
읽기 내비게이션
듣기 내비게이션
공부 내비게이션
묵상 내비게이션
암송 내비게이션
나눔 내비게이션
적용 내비게이션

01

성경공부의 필요성

목적지를 정확히 알고 출발해야 안전하게 도착한다

효과적인 성경공부 방법 7가지

성경공부의 4가지 유익

하나님의 몫과 우리의 몫

성경공부의 필요성

'교회는 정말 필요한 곳일까?'

나는 종종 스스로에게 이런 질문을 하곤 했다. 친척들은 그런 내게 별다른 관심을 갖지 않았다. 그러나 어빙(Irving)은 친구들의 눈총에도 아랑곳하지 않고 끊임없이 나를 교회로 초대했다. 그는 어느 모로 보나 그저 평범한 아이에 지나지 않았지만, 중학교 1학년치고는 어지간히 집요한 구석이 있었다. 어빙이 썩 좋은 아이가 아니었다면, 나는 그에게 귀찮게 하지 말고 저리 가라고 몇 번이나 소리를 질렀을 것이다.

결국 나는 마음을 누그러뜨리고 어빙을 따라 펜실베이니아 주(州) 작은 마을에 있는 교회에 갔다. 그리고 그날 밤, 나는 내가 천국에 갈 수 있을 만큼 선한 사람이 될 수 없다는 엄연한 사실에 직면했다. 나는 그 사실에 이의를 제기하지 않았다. 어쨌든지 천국은 하나님의 집이요, 그곳에 들어갈 수 있는 사람들의 자격을 정하는 문제는 하나님의 권한이라는 생각이 들었기 때문이다. 또한 그 교회 목사님은 천국에 들어가지 못한 자들이 어디에 가게 될지에 대해 분명하게 말씀하셨다.

그날 밤, 나는 예수님이 나를 지극히 사랑하셔서 몸소 내 죗값을 치르셨다는 말씀에 가장 큰 감동을 받았다. 나는 그날, 예수께서 나에게 죄 사함의 은혜와 영생(永生)을 선물로 주셨다는 말씀을 생전 처음 들었다. 사실 그 모든 말씀을 제대로 이해할 수는 없었지만, 그날 밤 나는 옳은 결정을 내렸다. 예수 그리스도를 나의 주님으로 영접하고 내 죄를 감당하신 분으로 믿기 시작한 것이었다.

그러나 우리 집이 다른 곳으로 이사하면서 그때 가졌던 믿음은 새해 벽두의 결심보다 더 빨리 사그라지고 말았다. 그 후로 내가 망각의 깊은 잠에서 깨어나는 데는 2년이라는 시간이 걸렸다.

중학교 3학년 어느 날, 학교 주차장에서 창문에 허옇게 김이 서린 자동차 옆을 지나가고 있는데 어떤 아이가 불쑥 차 문을 열고 나오더니 나를 기도회에 초청했다. 그렇게 그 친구를 만난 이후로 나는 전국 규모의 기독학생회에 가입하고 동네 교회에도 꾸준히 출석했다.

연애편지 읽듯이 성경을 읽어라

그 뒤로 나는 신앙생활을 하면서 영적으로 성장하려면 성경을 읽어야 한다는 말을 귀가 따갑도록 들었다. 하지만 성경은 내가 쉽게 다가갈 수 있는 책이 아니었다. 어떤 때는 단편적으로 접근했고, 또 어떤 때는 감정적 체험을 갈구하면서 말씀을 띄엄띄엄 읽는 정도에 그쳤다. 물론 축복을 갈구하는 것이 잘못된 것은 아니다. 그러나 그 당시에 나는 성경 문맥에서 따로 떼어낸 한두 개의 성경구절이 귀에 걸면 귀걸이 코에 걸면 코걸이 식으로 아무렇게나 해석될 수 있다는 것을 알지 못했다.

당신은 성경통독을 결심했다가 몇 번이나 실패했는가? 나는 첫 번째 시도에서 창조와 타락과 홍수 심판으로 이어지는 창세기의 이야기를 그럭저럭 잘 넘겼다. 물론 족보가 나오는 5장과 10장에서 잠시 멈칫하기도 했지만 말이다. 창세기에 나오는 아브라함과 이삭과 야곱에 관한 이야기는 그야말로 흥미진진했다.

출애굽기에 들어가서 십계명 부분에 이를 때까지는 그야말로 직선 코스를 질주하듯이 읽어나갔다. 그러나 성경에 십계명 이외에도 수많은 명령이 기록되어 있다는 사실을 깨달은 뒤 속도가 점차 느려졌고, 성막을 짓는 구체적인 지침을 주시는 부분에 이르러서는 한층 더 느려졌다. 더욱이 레위기에 접어들어서는 누군가가 성경통독을 결심한 사람들의 인내심을 시험하기 위해 이런 장벽을 마련해놓은 것이 아닌가 하는 생각이 들기도 했다.

사실 나는 처음에는 구약성경이 신앙의 연조(年條)가 긴 사람들을 위한 책이고, 신약성경이 이제 막 예수 그리스도를 영접한 사람들을 위한 책이라고 생각했다. 나중에 가서야 나는 신약성경이 일종의 '전화번호부'(메시아 족보)로 시작한다는 것을 알았다.

나는 내 나름대로 성경을 읽으려고 열심히 노력했다. 하지만 체계적이고 의미 있는 독서법의 결여로 나의 성경 문맹 지수는 여전히 높은 상태에 머물러 있었다. 당시 누군가가 성경 읽는 법을 가르쳐주기를 얼마나 바랐는지! 그러나 이 책 3장에 성경통독을 위한 효과적인 성경읽기 방법을 자세히 제시했으니 당신은 그런 걱정일랑 붙들어 매기 바란다.

그렇게 체계 없이 마구잡이로 성경을 읽으면서, 나는 성경이 뭐라고 말하는지에 대해 상당 부분 다른 사람들의 말에 의지하고 있다는 사실을 발견했다. 성경을 읽고 내가 직접 깨달은 것이 거의 없으니 당연했다.

나는 성경주석이나 경건서적을 읽는 것에 반대하지 않는다. 그러나 인간이 기록한 그런 책들이, 성령께서 기록하신 말씀보다 더 밝은 빛을 우리의 심령에 비추어줄까? 물론 우리에게는 목회자와 성경교사들이 제공하는 정보도 필요하다. 그러나 일주일에 한두 차례의 설교를 듣는 것만으로 우리는 영적으로 건강하게 성장할 수 없다.

만약 당신이 사랑스러운 애인과 교제하고 있는데 두 사람의 데이트에 당신 친구를 대타로 내보내겠는가? 애인에게 받은 편지를 뜯어보지도 않은 채 친구에게 넘겨주면서 대신 읽고 해석해달라고 부탁하겠는가? 그 친구가 해석해주는 말을 그대로 받아들이겠는가? 그렇다면 당신은 애인의 사랑을 직접 느끼는 기쁨을 놓칠 뿐만 아니라 필경 그 사랑스러운 애인까지도 잃게 될 것이다.

하나님께서는 성경이라는 사랑의 편지를 당신에게 보내셨다. 그런데 당신이 그것을 직접 읽지 않고 이 사람 저 사람을 통해 접할 때, 하나님은 과연 어떻게 생각하실까?

나무인가? 수도관인가?

나는 고등학교에 진학하여 기독학생회에서 활발하게 활동했다. 그 모임에서는 회원들이 한 주씩 돌아가며 15분 분량의 메시지를 전해야 했다. 15분 분량의 메시지를 준비하는 데는 오랜 시간의 기도와 묵상이 필요하지만, 나는 그보다 빌리 그레이엄 목사의 설교집이 더 필요했다. 그렇게 빌리 그레이엄 목사의 설교를 베끼면서 나는 내 자신이 나무를 닮기보다 수도관을 닮았다고 느꼈다.

돌이켜보건대, 그 시절에는 정말 인격적인 것과는 거리가 먼 방식으로 하나님 말씀을 대했다. 마치 수도관처럼 다른 곳에서 하나님 말씀을 받아 친구들에게 흘려보냈으니 말이다. 그런 과정을 되풀이하면서 나는 스스로 점점 소진되는 것을 느꼈다. 하나님 말씀을 인격적으로 받아들이지 않고, 또 그 말씀이 먼저 내 안에서 역사하도록 순종하지도 않았기 때문이다.

시편 1편은 하나님의 사람이 수도관이 아니라 나무와 같다고 말한다. 우리는 시냇가에 심은 나무가 땅속 깊이 뿌리를 내리는 것처럼 하나님의 말씀에 뿌리를 내려야 한다. 그럴 때 성경의 진리가 날마다 우리의 마음과 감정과 의지에 자양분을 공급하고, 그 모든 것을 변화시켜 하나님을 닮아가게 하고, 생활에서 얻은 아름다운 교훈을 다른 이들에게 전할 수 있게 할 것이다. 우리는 말씀을 입으로만 되뇌는 것이 아니라 삶으로 보여줘야 한다.

당신 삶의 우선순위가 성경인가?

신앙생활에서 나를 끈질기게 괴롭힌 문제는 성경 읽을 시간이 부족하다는 것이었다. 빚쟁이처럼 재촉하는 급한 일들에 매달리다보면 하루가 25시간이라 해도 부족하게 느껴졌다. 그럴 때, 사려 깊은 스승 몇 분이 나에게 삶의 우선순위를 재정립하라고 충고했다. 나는 지금도 그분들께 감사한 마음을 갖고 있다.

우선순위를 정한다는 것은 먼저 할 일과 나중에 할 일을 구분하는 것이다. 내 삶의 우선순위에는 언제나 성경이 있다. 지나치게 단순화하는 감이 없지 않지만, 하루 24시간 중에서 하나님을 위한 양질(良質)의 시간을 마련하는 것은 머리의 문제라기보다는 마음의 문제라고 나는 확신한다.

하나님과의 교제는 연애와 같다. 결혼 전 아내와 데이트하던 시절, 나는 누가 강요하지 않아도 기꺼이 그녀를 만나 함께 시간을 보냈다. 그녀와 처음 데이트하던 날, 내 마음과 감정과 의지가 서로 협의하여 그녀를 더 알아가야겠다는 결론에 도달했기 때문이다. 그렇게 시작된 그녀와의 만남이 4년이라는 교제 기간을 거치며 진정한 사랑의 관계로 발전했고, 우리는 19년 동안 결혼생활을 지속해오고 있다.

잘 알지 못하는 사람을 사랑하는 일이 가능할까? 어떤 청년이 첫 번째 데이트에서 아가씨를 향해 사랑의 세레나데를 부른다면, 그녀는 그가 진실한 사람인지 의심할 것이다. 거꾸로 첫 번째 데이트에 나간 어떤 아가씨가 영원한 사랑을 운운하면서 남자 옆에 찰싹 달라붙는다면, 그 남자는 그녀가 자신의 마음 이외의 다른 것을 노리고 있다는 것을 어렵지 않게 눈치챌 것이다.

우리 각자는 하나님을 더욱 알아야겠다는 결심을 해야 한다. 하나님을 믿기로 작정한 사람이라면 인생의 어느 시점에서든지 반드시 한 번은 그런 결심을 해야 한다. 하나님을 알아갈수록 그분을 더욱 사랑할 수 있기 때문이다. 그리고 하나님을 사랑할수록 그분과 함께 있고 싶어진다.

어떤 사람이 일주일 동안 당신 뒤를 졸졸 따라다니면서 당신의 생활을 점검한다면, 당신 삶의 우선순위에 대해 어떤 결론을 내릴까? 모르긴 몰라도, 그 사람에게 결과 보고를 듣고 나면 우리 가운데 많은 이들이 삶의 우선순위를 다시 설정할 필요가 있다고 느낄 것이다. 물론 거기에는 수고와 노력이 뒤따라야 한다.

내가 성경읽기를 태만히 한 또 다른 이유는 성경에 다가가기 위한 최선의 방법을 몰랐기 때문이다. 사실 성경을 알아야 한다는 말을 들을 때마다 '누군가 탁월한 성경공부 방법을 알려주면 좋을 텐데…'라며 아쉬워한 적이 한두 번이 아니었다. 내가 이 책을 쓴 까닭이 바로 그것이다.

어떤 사람에게 물고기 한 마리를 잡아주면 한 끼 식사를 해결하는 데는 도움을 줄 수 있지만, 그에게 물고기 잡는 법을 가르쳐주면 평생 먹고 살 수 있게 도울 수 있지 않겠는가!

당신의 점수는 하나님이 아신다!

이 책은 우리가 하나님의 책(성경)을 먹고 영적으로 튼튼하게 성장하도록 하기 위한 실제적인 방법에 관한 것이다.

누구든지 이 책이 제시하는 방법들을 부지런히 적용해가다보면 여러 가지 유익을 얻을 것이다. 첫째, 성경적으로 사고하는 능력을 습득할 수 있고 둘째, 하나님의 기준으로 읽고 보고 듣는 법을 배울 수 있다. 셋째, 하나님 말씀을 직접 탐구하여 개인적인 깨달음을 얻는 기쁨을 누릴 수 있다. 넷째, 이전보다 하나님을 더 사랑하는 마음을 품게 될 것이다.

다음 4가지 질문에 대답하라. 이것은 비밀이다. 오직 하나님만이 당신의 점수를 매기실 것이니 솔직하게 답하기 바란다.

☑ 당신은 매일 성경을 읽고 기도하는가?

☑ 당신이 성경공부를 하는 데 가장 방해가 되는 장애물은 무엇인가?

☑ 당신은 스스로 성경공부하는 법을 배운 적이 있는가?

☑ 성경에서 즐겨 읽는 부분 이외의 다른 부분들을 읽은 적이 있는가?

매일 꾸준하게 성경을 읽지 못한다고 해서 낙심하지 말라. 그런 사람이 당신 혼자만은 아니다. 한 여론조사 결과, 예수님을 믿는다고 말한 응답자들 가운데 성경을 매일 읽는 사람이 12퍼센트, 일주일에 한 번 읽는 사람이 34퍼센트, 아주 가끔 읽는 사람이 42퍼센트, 한 번도 읽지 않는 사람이 12퍼센트로 드러났다.

당신이 성경을 공부하는 데 가장 방해가 되는 장애는 무엇인가? 너무 바빠서 성경을 공부할 시간이 없다? 왜 성경을 공부해야 하는지 잘 모르겠다? 성경을 공부하는 방법을 모른다? 성경을 공부해도 잘 모르겠다? 성경을 공부할 마땅한 장소가 없다? 함께 성경을 공부하는 적정한 그룹이 없다? 아예 성경을 공부하는 습관이 배어 있지 않다? 그렇다면 당신에게 이 책이 꼭 필요하다.

당신이 왜 성경공부를 해야 하는가?

만약 당신이 성경을 꾸준히 읽고 있다면 다음 질문들에 답하면서 자신의 성경에 대한 기초 상식을 직접 테스트해보기 바란다.

- ☐ 성경에 두 번째로 등장하는 책은?
- ☐ 성경에서 맨 마지막에 나오는 책은?
- ☐ 시편의 대부분을 기록한 사람은?
- ☐ 신약성경 27권 가운데 최소한 12권을 기록한 사람은?
- ☐ 예루살렘에서 로마까지 확산된 초대교회의 역사에 대해 말하는 책은?
- ☐ 야곱의 열두 아들 가운데 한 사람의 이름을 말하라.
- ☐ 북이스라엘과 남유다 왕들 가운데 기억나는 한 사람의 이름을 말하라.
- ☐ 구약에 등장하는 선지자들 가운데 한 사람의 이름을 말하라.
- ☐ 십계명의 제1계명은?
- ☐ 사도 바울과 함께 전도하러 다녔던 동역자의 이름은?
- ☐ 팔복(八福) 가운데 한 가지를 말하라.
- ☐ 마리아와 마르다의 오빠로 예수님이 무덤에서 일으키신 사람은?
- ☐ 신약성경에서 네 번째로 등장하는 책은?
- ☐ 황금률이란 무엇인가?

이 질문에서 잘 모르는 부분이 있거든 성경을 참조하여 답을 찾아보기 바란다. 그리스도인들에게 이와 유사한 질문들을 던졌을 때, 그 가운데 몇몇 사람들이 낙제를 면치 못할 점수를 기록했다.

하나님의 말씀인 성경에서 더 많은 것을 얻고자 하고 그것을 더 오래 기억하고자 하는 것이 이 책의 목적이다. 물론 우리가 이 같은 성경퀴즈에 좀 더 신속히 대답하기 위해 성경공부를 하는 것은 아니다. 우리가 성경을 공부하는 까닭은, 성경을 아는 것이 우리 자신을 올바로 평가하기 위한 유일한 길이기 때문이다. 또한 성경이 우리 자신을 올바로 평가하는 유일한 길인 까닭은 성경이 거울처럼 우리의 강점과 약점을 하나님이 보시는 그대로 비추기 때문이다(약 1:23-25).

성경공부의 4가지 유익

우리는 영적으로 거듭나는 법을 말씀을 통해서만 배울 수 있다(벧전 1:23). 말씀은 우리의 믿음을 발전시키며(롬 10:17), 영적 성장의 수단이 된다(벧전 2:2). 또한 성령의 검(劍)인 하나님 말씀은 사탄을 대적하기 위한 가장 강력한 무기이다(엡 6:16,17). 하나님의 말씀은 우리를 안내하고

(시 119:105), 죄로부터 보호하고(시 119:11), 행실을 깨끗케 한다(시 119:9).

만약 우리에게 성경이 없다고 가정해보라. 하나님의 계시가 없다면 우리는 하나님, 천국과 지옥, 천사, 교회, 창조, 하나님과 우리의 관계에 대해 아무것도 확신할 수 없을 것이다.

우리가 성경을 공부해야 하는 까닭이 무엇인가? 그것은 바로 하나님께서 명하셨기 때문이다.

"네가 진리의 말씀을 옳게 분변하며 부끄러울 것이 없는 일꾼으로 인정된 자로 자신을 하나님 앞에 드리기를 힘쓰라"(딤후 2:15).

그러므로 우리가 성경에서 더 많은 것을 얻고자 노력하는 것은 하나님께서 우리에게 요구하신 기본적인 사항을 충족시키려고 하는 시도라 할 수 있다. 하나님께서는 우리에게 무엇을 명하실 때 언제나 우리의 최선의 유익을 염두에 두신다.

"모든 성경은 하나님의 감동으로 된 것으로 교훈과 책망과 바르게 함과 의로 교육하기에 유익하니 이는 하나님의 사람으로 온전케 하며 모든 선한 일을 행하기에 온전케 하려 함이니라"(딤후 3:16,17).

이 성경 말씀은 우리가 성경을 읽음으로써 다음과 같은 4가지 유익을 얻을 수 있다고 말한다.

첫째, 성경은 우리가 누구를 믿어야 할지에 대해 말해준다.

둘째, 성경은 우리가 자칫 빠지기 쉬운 잘못된 철학과 사상에 대항할 수 있도록 한다.

셋째, 성경은 우리가 곁길로 빠질 때 그것을 정확히 알려준다. 이것은 우리 삶의 방향을 재정립하는 것과 관련이 있다. 성경은 때로 유능한 의사처럼 우리를 치유하기 위해 아픔을 주기도 한다.

넷째, 성경은 우리를 의(義)로 훈련하여 모든 선한 일을 행하기에 온전한 하나님의 사람이 되게 한다. 우리는 자연적으로 할 수 있는 일만 행하는 수준에 머물러 있어서는 안 된다. 우리는 하나님을 통해 그리고 우리 안에 있는 말씀의 능력을 통해 초자연적인 일들도 능히 행할 수 있기 때문이다.

우리가 성경을 공부해야 하는 까닭은 하나님께서 명하셨기 때문일 뿐만 아니라 우리의 영적 성장이 바로 성경공부에 달려 있기 때문이다. 사도 베드로는 갓난아이들같이 순전하고 신령한 젖을 사모하라고 말하면서, 주님의 인자하심을 맛본 사람이라면 순결한 말씀을 사모하여 구원에 이르도록 자라야 한다고 독려한다(벧전 2:2,3). 성경은 벌집에서 뚝뚝 떨어지는 꿀보다 더 달콤한 과자이다. 우리는 그것을 먹기를 중단하면 안 된다.

아기가 성장하는 데 영양분 섭취가 필수적인 것처럼 믿음

이 연약한 그리스도인이 영적으로 성숙해지려면 영적 영양분을 섭취해야 한다. 그런데 경이로운 사실 한 가지는, 우리가 연약할 때 영적 자양분을 공급하던 그 말씀이 성숙한 그리스도인이 되었을 때에도 여전히 우리에게 우리의 영적인 필요를 공급한다는 사실이다.

말씀에 순종하는 것이 변화의 초석이다

그리스도인이 되었는데도 즉각적이고 총체적인 변화가 일어나지 않는다고 낙심하지 말라. 다음 주에 해야 할 일을 이번 주에 완료하지 못했다고 낙담할 필요가 있는가?

신구약 성경을 관통하는 기본 원칙 한 가지가 있다. 그것은 빛 가운데 순종하면 더 많은 빛을 받게 되지만 거부하면 점점 더 어둠에 빠져든다는 것이다. 누구든지 하나님께서 오늘 주시는 빛 가운데서 행할 때 더 많은 빛을 받을 것이요, 그 빛에 동화될 것이다.

여기서 핵심은 하나님께서 깨달음을 주실 때 충성스럽게 순종해야 한다는 점이다. 예수님은 작은 것에 충성하는 자에게 많은 것을 맡기겠다고 약속하신다(마 25:21). 이 약속은 돈이나 물질적인 것뿐만 아니라 우리의 생각이나 깨달음에도 그대로 적용된다.

몇 해 전, 나는 아내와 함께 고등학교 졸업 20주년 동창회에 참석했다. 그때 아내를 제외한 동창들 모두가 나이에 비해 왜 그렇게 늙어 보이던지! 우리는 날마다 일어나는 변화를 알아차리지 못한다. 그러나 몇 개월, 몇 년이 지나면 뚜렷한 변화를 깨닫는다.

우리가 말씀에 순종하는 것도 마찬가지이다. 우리가 매일매일 말씀에 순종할 때, 그것이 주목할 만한 변화를 가져오지 않을지도 모른다. 그러나 그 지속적인 순종이 보장하는 장기적인 유익은 실로 놀랍다.

"우리가 다 수건을 벗은 얼굴로 거울을 보는 것같이 주의 영광을 보매 저와 같은 형상으로 화하여 영광으로 영광에 이르니 곧 주의 영으로 말미암음이니라"(고후 3:18).

주님의 영광을 비추는 말씀을 우리가 규칙적으로 묵상할 때, 성령님은 우리를 점차 변화시켜 주님의 모습을 닮게 하신다. 고린도후서의 이 말씀은 규칙적으로 하나님 말씀에 다가가고자 하는 이들에게 실로 큰 격려와 자극이 된다.

하나님의 몫 vs 우리의 몫

하나님께서 원하시기만 하면 지금 당장 우리를 온전히 변화시킬 수 있으시다. 하나님께서는 우리의 도움 없이 혼자서 능히 그렇게 하실 수 있다. 그러나 하나님께서는 그 과정에서 우리 각자에게 일정한 역할을 맡기셨다.

그 옛날 모세가 홍해를 향해 지팡이를 뻗을 때, 하나님께서는 홍해를 가르셨다. 여호수아가 군대를 이끌고 여리고 성 주변을 돌 때, 하나님께서는 그 성벽을 무너뜨리셨다. 당신이 말씀을 읽을 때, 하나님께서는 그 말씀이 당신을 위해 살아 움직이게 만드신다. 당신이 말씀을 묵상할 때, 하나님께서는 깨달음의 문(門)을 열어주신다. 우리가 다른 사람들에게 예수님을 소개할 때, 하나님께서는 그들로 하여금 죄를 자각하게 하시고 그리스도를 구세주로 영접해야 하는 필요성을 느끼게 하신다.

하나님께서는 자신의 역할을 수행할 준비를 하고 계시며, 기꺼이 수행하실 것이며, 능히 수행하실 수 있다. 그러나 그러기 위해서 먼저 우리가 각자 자신의 역할을 수행해야 한다.

어떤 책이든지 저자를 개인적으로 알고 나면 몰랐을 때보다 그 내용이 더 큰 의미로 다가온다. 특히 그 책의 저자와 인격적으로 관계를 맺고 있을 경우에는 더욱 그렇다. 우리 가운데 하나님과 자연적으로 관계를 맺게 된 사람은 아무도 없다. 우리의 죄로 인해 하나님과 우리 사이의 관계가 완전히 단절되었기 때문이다.

하나님께서는 우리가 오직 하나님을 알고 사랑할 수 있을 뿐 다른 것은 아무것도 하지 못하는 로봇으로 만드실 수도 있었다. 당신이 로봇과 결혼을 했다고 상상해보라. 당신이 남편 혹은 아내의 등 뒤에 있는 태엽을 감는다. 그리고 그 태엽이 풀리는 동안에만 그가 반응을 보이며 "사랑해요!"라는 기계음을 들려준다면 당신은 어떻겠는가? 그것

보다는 스스로의 의지로 당신을 사랑할 수 있는 인간과 함께 사는 것이 훨씬 더 기쁘고 즐겁지 않겠는가?

나는 일과(日課)를 마치고 집으로 돌아갈 때마다 작은 기대감을 갖곤 한다. 나를 따듯하게 맞아줘야 하는 절대적인 의무야 없지만 아내는 언제나 자신의 마음을 담아 나를 반갑게 맞아주기 때문이다.

당신의 선택에 달렸다!

하나님께서는 우리의 모든 것을 낱낱이 알고 계시는데도 우리를 사랑하기로 하셨다. 예수님도 우리의 죄를 위한 희생제물로서 십자가에서 돌아가실 때, 우리가 어떤 인간이고 무슨 짓을 할지 알고 계셨지만 우리를 지극히 사랑하시어 우리를 위해 돌아가셨다. 그러므로 우리의 삶이 먼지투성이라 할지라도 주님은 결코 놀라지 않으시며 우리를 향한 마음을 바꾸지 않으신다. 많은 사람들이 이 사실을 아는 것만으로도 실로 놀라운 위로를 얻을 것이다.

하나님께서는 하나님이 창조하신 세상과 영감(靈感)을 불어넣어 기록하신 말씀을 통해 우리가 하나님에 대해 깨닫기를 바라신다. 하나님께서는 우리가 하나님을 사랑하겠다고, 하나님과 교제하겠다고 결심하기를 바라신다. 그러나 문제는 우리가 그렇게 하겠다고 결심해야 한다는 것이다.

우리는 하나님과 무관한 인간으로 살아갈 수도 있고, 하나님의 외아들을 구세주로 영접함으로써 하나님 가족의 일원이 될 수도 있다. 우리가 일상에서 느끼는 행복은 물론이고 우리의 운명도, 하나님의 사랑의 초청에 우리가 어떻게 반응하느냐에 따라 엇갈리게 된다.

문제는 하나님이나 성경에 있는 것이 아니라 바로 우리 자신에게 있다! 하나님께서는 거듭남과 영적 성장에 필요한 모든 것을 성경에 고스란히 담아 우리 앞에 놓으셨다. 이제 우리는 그것들을 그저 누리기만 하면 된다.

나는 이 책을 총 8장(章)으로 구성하여 1장에서는 성경을 공부해야 하는 이유를 설명하고, 2장부터 차례로 '효과적인 성경공부 방법 7가지'를 제시했다. 쉬운 방법부터 어려운 방법까지 차례대로 언급했으니 참고하기 바란다.

효과적인 성경공부 방법 7가지

듣기 설교를 통해 하나님의 음성 듣기, 설교를 통해 생활에서 더 많은 빛을 받는 법, 설교를 집중해서 듣는 비결, 성경의 메시지 기록하기

읽기 하나님 말씀을 읽는 기쁨, 매일 성경을 읽기 위한 새로운 동기부여, 하나님의 뜻과 그것이 기록된 부분을 기억하는 법

공부하기 성경을 직접 공부하기, 성경의 각 장과 단락을 더 깊이 파고들기, 하나님의 말씀을 더욱 정확히 이해하기 위한 여러 가지 도구의 활용

암송하기 말씀을 마음에 간직하기, 말씀으로 우리 마음을 새롭게 하는 것의 중요성, 성경 말씀을 더욱 정확히 암송하기 위해 검증된 기법들

묵상하기 하나님을 따라 생각하기, 하나님의 뜻을 아는 것과 행하는 것의 연결고리가 되는 묵상, 일상에서의 기도 장소

적용하기 하나님이 주신 삶의 원칙들 실천하기, 말씀을 실생활의 원칙으로 변환하기, 말씀이 실제 삶에서 역사하도록 하기

나누기 가정에서 영적으로 성장하기, 가족 단위로 성경을 읽기 위한 창의적인 방법들, 다양한 연령대의 가족들과 함께 게임을 통해 성경 즐기기

02

듣기 내비게이션

하나님의 음성을 들어야 경로 이탈을 안 한다

설교를 통해 하나님의 음성 듣기

설교를 집중해서 듣는 비결

성경의 메시지 기록하기

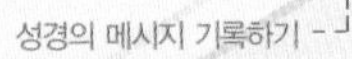

설교를 통해 생활에서 더 많은 빛을 받는 법

설교를 듣는 것은 그리스도인의 성장을 위한 필수 조건이다. 주일 아침에만 교회에 나가는 그리스도인이라면 일 년에 최소한 52번의 설교를 듣는다. 주일 저녁예배까지 참석한다면 그 횟수는 2배로 늘어난다. 이런 식으로 계산하면 일주일에 4번 예배(주일낮예배, 주일저녁예배, 수요예배, 금요예배)에 참석하는 그리스도인은 일 년에 208회의 설교를 듣게 된다.

설교 한 편당 시간이 약 35분이라고 치면 일주일에 4번 예배에 참석하는 사람을 기준으로 했을 때 일 년 동안에 설교를 듣는 시간이 약 121시간에 달하는데, 이는 일주일 동안 자는 시간만 빼고 꼬박 설교를 듣는 것보다 더 많은 시간이다. 우리 마음이 무엇이든지 엉덩이가 참을 수 있을 만큼만 받아들인다는 사실을 고려할 때, 이는 결코 적은 시간이라고 볼 수 없다. 우리는 정말 많은 설교를 듣는다. 그러나 그 시간을 통해 얼마나 많은 것을 얻고 있는가?

하나님 말씀에 다가갈 수 있는 첫 번째 단계는 '듣는 것'이다. 설교가 시작되자마자 꾸벅꾸벅 조는 사람이야 이것조차 어려운 일이라고 말할지 모르겠다. 하지만 앞으로 살펴볼 6가지 방법과 비교할 때, 말씀을 듣는 이 단계가 성경공부 방법 가운데 가장 쉽다고 할 수 있다.

사도 바울은 믿음이 그리스도의 말씀을 듣는 데서 비롯된다고 말하고 있으며(롬 10:17), 요한계시록은 성경에 기록된 말씀을 듣고 순종하는 자들에게 특별한 복을 약속하고 있다(계 1:3).

주일예배에 빠지다보면 영적 경로를 이탈하게 된다

목회자와 교회학교 교사들은 종종 슬픔에 잠기곤 한다. 왜냐하면 말씀이 가장 필요한 사람들이 교회를 찾지 않고 있기 때문이다. 그리스도를 영접했다고 말하는 사람들 가운데도 '낚시병(病)'이나 '등산병' 같은 치명적인 전염병에 감염되어 주일예배 빼먹기를 밥 먹듯 하는 이들이 적지 않다. 그들은 언제나 그럴 듯한 핑계를 둘러댄다.

그러나 세상 사람들의 생각과는 달리 예배를 자꾸 빼먹으면 그리스도인으로서의 성장이 정체된다. 하나님 말씀을 가르치는 예배에 규칙적으로 참석하는 것, 이는 우리가 반드시 내려야 하는 중대한 결정인 동시에 우리 몸에 익혀야 하는 습관이다.

일과를 마치면 어서 집으로 돌아가 먹고 마시고 쉬면서 가족과 단란한 시간을 가져야겠다고 결심하는 것처럼, 우리는 교회가 제공하는 것들이 우리 자신에게 반드시 필요하므로 그것들을 규칙적으로 받아들이고 먹어야겠다고 결심해야 한다.

아무리 뜨거운 숯이라도 화로에서 한 덩이를 빼내어 땅에 놓으면 화로 안에 있는 다른 숯보다 훨씬 더 빨리 식어버린다. 신자도 다른 신자들과 규칙적으로 교제하지 않으면 이와 동일한 결과를 보일 것이다. 혼자서는 영적으로 생존할 수 없다. 우리 자신을 아무렇게나 방치하면 우리의 믿음은 곧 식어서 차가워질 것이다.

어떤 사람들은 가끔 교회에 나가 예배를 드린다. 그러고는 생활에 아무런 변화가 일어나지 않는다는 이유로 교회에 출석하기를 중단한다. 그러나 그것은 잘못된 생각이다. 어떤 아이가 한 달이나 일 년 동안 음식을 열심히 먹다가 키가 부쩍 크지 않는다는 이유로 먹기를 중단한다면 당신은 그 아이에게 뭐라고 말하겠는가? 물론 교회에 나가서 무엇을 얻었는지 생각하는 것은 좋은 일이지만, 우리는 하나님께 무엇을 드리고 다른 사람들에게 무엇을 주었는지도 진지하게 자문(自問)해야 한다.

우리가 단지 무엇을 얻기 위해 교회에 나가는 것은 아니다. 우리는 서로를 격려하기 위해 다른 사람들에게 베풀어야 한다.

설교 시간에 발생하는 의사소통 장애?

우리가 설교를 들을 때 발생하는 가장 중대한 문제는 '의사소통의 장애'이다. 설교자가 하는 모든 말을 우리가 언제나 그대로 듣는 것이 아니기 때문이다. 대부분의 설교자들은 교인들에게 이렇게 말할 수 있다.

"아마 여러분은 제가 말씀드린 것을 올바로 이해했다고 생각하실 것입니다. 그러나 저는 과연 여러분이 제가 의도한 그대로 이해했는지 확신할 수 없습니다."

그렇다. 설교자가 강단에서 선포하는 메시지와 신자들이 받아들이는 메시지가 언제나 동일한 것은 아니다.

당신은 'fast'라는 영어 단어를 들을 때 무엇을 연상하는가? 당신은 누군가에게 쫓기듯 급하게 먹고 마시는 사람을 떠올리며 '단시간의'(fast)라는 의미를 연상할 수도 있고, '금식'(fast)을 떠올리며 얼마 동안 음식을 먹지 않고 세상적 쾌락을 삼가는 신자를 연상할 수도 있고, 날쌘 경주마를 떠올리면서 '빠른'(fast)의 의미를 연상할 수도 있고, '단단히'(fast) 묶인 말은 자유롭지 못하므로 빠르게 달릴 수 없다는 생각을 할 수도 있을 것이다.

어느 화창한 여름날, 어떤 남자가 위아래 한 벌로 된 옷을 입고 걸어가고 있었다. 그런데 갑자기 그 남자가 고개를 푹 숙이더니 양손을 가슴에 교차한 채로 쓰러져 죽었다. 이 이야기를 읽을 때 어떤 영상이 떠오르는가? 그 남자가 총에 맞은 것일까? 아니면 심장마비에 걸린 것일까? 당신은 더 자세한 설명을 듣거나 현장의 사진을 볼 때라야 무슨 일이 일어난 것인지 비로소 확실히 알 수 있을 것이다.

사실 나는 해저(海底)를 걷고 있던 심해 잠수부의 모습을 묘사했다. 상어가 그의 잠수복을 물어뜯어 가슴 부위에 구멍을 낸 탓에 산소 공급이 원활하게 이루어지지 않아 그가 익사한 것이다.

어쩌면 당신은 이것이 지나치게 극단적인 예라고 말할 것이다. 그러나 'mantle'(사전적 의미는 '망토', '덮개'이다)이라는 영어 단어를 들을 때 무엇이 생각나는가? 사람 이름?(미국 뉴욕 양키즈 팀에 '미키 맨틀'이라는 유명한 타자가 있었다) 야구? 벽난로 덮개? 아니면 어느 선지자의 겉옷?

교회학교 어린이들이 그린 그림을 보면 의사소통의 장애가 얼마나 심각한 오해를 일으킬 수 있는지 쉽게 이해할 수 있다. 내가 아는 어떤 아이는 아담과 하와가 에덴동산에서 쫓겨난 이야기를 들은 뒤에 천사가 운전하는 자동차를 타고 두 사람이 에덴동산에서 나오는 그림을 그렸고, 또 어떤 아이는 요셉과 마리아가 아기 예수를 데리고 애굽으로 피신한 이야기를 듣더니 부부가 아기와 함께 비행기를 타고 애굽으로 날아가는 그림을 그렸다.

물론 때로는 말하는 사람에게 문제가 있을 수 있다. 그러나 대부분의 경우에 이런 문제는 듣는 사람에게서 발생한다. 설교와 강의 시간에 가장 흔하게 발생하는 문제는 바로 청자(聽者)의 마음이 정처 없이 방황한다는 점이다.

플로 프라이스라는 가수는 '일요일 아침의 잡념'이라는 노래에서 주일오전예배에 참석하여 찬송을 부를 때 자기 마음을 훑고 지나가는 온갖 잡다한 생각을 가사로 적어 노래했다.

당신은 설교를 들을 때 주로 무슨 생각을 하는가?

어떤 심리학자는 예배나 강의에 참석한 대부분의 사람들이 그 시간의 34퍼센트를 예배당이나 강당을 둘러보며 멍하니 보낸다는 사실을 발견했다. 이런 문제의 일부는 인간의 생각의 속도가 말하는 속도보다 5~7배나 더 빠르다는 사실에서 발생한다.

어떤 사람이 우리에게 무슨 말을 할 때, 그 단어들이 흡사 수도꼭지에서 물방울이 떨어지는 것처럼 느린 속도로 우리 마음에 떨어지기 때문에 순간순간마다 잡다한 생각이 우리 마음을 휘젓는다.

설교나 강의 시간에 흔히 발생하는 또 다른 문제는 우리 두뇌의 '정보 보존력'이 매우 취약하다는 점이다. 심리학자 알프레드 문저르트(Alfred Munzert) 박사는 자신의 저서 《성인과 아동을 위한 지능 테스트》에서 인간이 어떤 정보를 접한 후에 사흘이 지나면 처음에 접했던 것의 10퍼센트밖에 기억하지 못한다는 연구 결과를 내놓았다.

수요일 무렵이 되면 주일에 들었던 설교 내용 가운데 90퍼센트가 우리 기억 속의 새장을 탈출한다는 것이다.

당신은 설교 시간에 메모하는가?

설교와 강의를 통해 말씀을 들을 때, 그것으로부터 더 많은 것을 얻기 위한 한 가지 방법은 메모하는 것이다. 우리는 메모하는 습관을 통해 다음과 같은 유익을 얻을 수 있다.

첫째, 설교 청취에 집중하도록 돕는다.

둘째, 우리 마음이 정처 없이 방황하지 않도록 한다.

셋째, 오랜 시간 타인의 독백을 듣는 데서 오는 지루함을 예방한다.

넷째, 졸지 않게 돕는다. 모든 설교자가 익히 알고 있는 사실이지만 예배 시간에 꾸벅꾸벅 조는 사람들이 실로 많다. 나는 가끔 평신도들을 한 명씩 강단에 앉혀, 성도들 가운데 몇 사람이나 예배 시간에 조는지 지켜보게 하면 어떨까 하고 생각한다.

다섯째, 설교의 흐름을 놓치지 않게 돕는다. 설교자야 자기가 구성한 설교의 흐름을 놓치지 않겠지만, 청중이 단지 듣기만 하면서 설교자의 논리적인 흐름을 따라가기란 그리 쉬운 일이 아니다.

여섯째, 설교 내용을 더 오래 기억할 수 있게 돕는다. 설교 내용을 메모하면 예배가 끝난 후에 설령 메모지를 버린다 해도 메모를 하지 않았을 때보다 훨씬 더 많은 것을 오래 기억할 수 있다. 메모하는 과정에서 우리의 오감(五感)이 활발하게 작용하기 때문에 귀로 들은 정보를 좀 더 오래 보존할 수 있다. 메모를 하면 새로 접한 정보를 기록하면서 그것에 대해 한 번 더 생각하기 때문에 새로운 정보를 효율적으로 흡수할 수 있다.

일곱째, 설교자를 자극하여 더 좋은 설교를 준비할 수 있게 한다. 예배당에 앉은 청중이 열심히 경청하면서 메모할 때, 설교자는 자신의 설교를 좀 더 짜임새 있게 구성하고 요점을 강조해야겠다고 마음먹는다. 교인들이 설교 내용을 열심히 메모할 때, 설교자는 하나님 말씀을 온전하고 정확하게 전달하기 위해 최선을 다해야겠다는 결의를 다진다.

설교자의 말을 자신의 말로 기록하라

이번 주일에 들었던 설교 주제가 무엇인지 생각나는가? 그 제목이 무엇이고 요점이 무엇인지 기억나는가? 우리 마음은 매끄러운 플라스틱 표면과 같아 어떤 것도 잘 달라붙지 않는다. 그러므로 말씀을 들음으로써 더 많은 것을 얻기 위해서는 그 내용을 메모하는 수고가 필요하다. 이런 방법을 택하면 메시지를 보존하는 능력이 2배 이상 증가될 것이다.

메모의 내용은 짧고 간단해도 좋다. 메시지의 주요점이나 서너 가지 강조 사항이나 특별히 인상 깊은 점을 임의로 기록하면 된다. 각각의 요점이나 대의(大意)와 관련된 성경구절은 가능한 대로 꼭 적어라. 때로는 메모하는 것이 귀찮게 느껴질 수도 있다. 그러나 그 수고에 대한 보상은 실로 값지다.

당신은 설교의 흐름을 따라가며 설교자의 입에서 나온 말을 당신 자신의 말로 기록하는 이 과업을 매우 성가시게 여길지 모른다. 그러나 그것이 결국은 소극적이고 수동적인 자세로 예배당에 앉아 있는 당신을 적극적인 실천의 장(場)으로 이끌 것이다.

나만의 설교 노트 만들기

우선 종이를 대고 쓸 수 있는 판이나 약간 두꺼운 파일을 마련하라. 아니면 시중에 나온 적당한 크기의 메모지나 노트를 준비해도 좋다. 그런 다음 '설교 제목', '성경 본문', '설교자 이름', '날짜', '주제', '대지(大旨) 또는 설교 내용', '요점', '기도제목', '적용' 등의 항목을 기록하여 교회에 갈 때마다 가지고 가라.

만약 본교회에서 예배를 드리는 경우가 아니라면 '날짜' 옆에 '장소'도 기록하는 것이 좋다. 또한 '적용' 부분은 '오늘 설교를 통해 하나님께서 나에게 무엇을 말씀하시는가?', '이제 나는 무엇을 해야 하는가?'라는 질문을 염두에 두고 채우는 것이 좋다.

이것이 바로 당신만의 '설교 노트'이다. 48,49쪽 '설교를 메모하며 듣기 위한 설교 노트 1'을 참고하기 바란다. 설교자가 하는 말을 모두 받아 적거나 설교자가 사용한 단어를 그대로 받아쓰려고 애쓸 필요는 없다. 설교자의 입에서 나온 말을 당신의 말로 바꾸어 기록하는 것이 바람직하다.

파이 한 판 – A PIE

일단 설교를 메모하는 것이 익숙해지면 다음과 같은 방법을 시도해 보는 것도 좋다. 이 방법은 설교 내용을 더 깊이 파고들기 위한 것으로 '파이 한 판'(A PIE)이라 부르기로 하겠다. 설교자가 설교 주제와 관련하여 전하는 모든 메시지는 '파이 한 판'에 속한다. 설교자가 전하는 메시지는 분명 다음 4가지 범주 중 하나에 속할 것이다.

- ☐ Application 적용 – 이 말씀을 듣고 무엇을 실천해야 할까?
- ☐ Proof 증거 – 이 말씀이 진리라는 것을 왜 믿을 수밖에 없는가?
- ☐ Illustration 예증 – 요점에 대한 예화
- ☐ Explanation 설명 – 주제나 그 의미에 대한 구체적인 해설

설교자가 파이의 네 조각 가운데 어떤 부분을 식탁에 올리고 있는지 세심하게 경청하여 그 내용을 해당 칸에 기록하라. 말씀을 전하는 설

교자는 자기가 지금 네 조각의 파이 가운데 어느 조각을 접시에 담고 있는지 일일이 말하지 않는다. 그러므로 당신이 스스로 파악하여 유익을 얻어야 한다.

그런데 한참 동안 기록을 하다가 자신이 엉뚱한 칸에 적고 있다는 것을 깨닫게 되는 경우에는 어떻게 해야 할까? 걱정할 것 없다. 화살표를 사용하여 해당 칸으로 살짝 옮기면 그만이기 때문이다.(50,51쪽 '파이 한 판을 기억하며 메모하는 설교 노트 2' 참고) 처음에는 이런 방식으로 설교 내용을 요약하는 것이 번거로울지 모르겠지만, 그래도 다양성을 기하기 위해 시도하다보면 예상치 못한 유익을 얻을 수 있다.

모든 설교자가 파이를 네 조각으로 깔끔하게 잘라 식탁에 올리는 것은 아니다. 그러나 그런 것은 아무 문제가 되지 않는다. 이런 식으로 설교 내용을 요약하는 습관을 들이면 어떤 설교자의 메시지를 듣더라도 그 사람이 애초에 의도한 바를 정확히 포착할 수 있고, 설교자가 아무리 무질서하게 설교를 전개한다고 해도 체계적으로 메모하며 이해할 수 있기 때문이다.

특정 양식을 사용하지 않고 상투적인 방식으로 설교 내용을 기록하는 경우라도, 자신이 기록한 항목이 '파이 한 판'의 어느 조각에 해당하는지 숙고하여 적는다면 당신은 큰 유익을 얻을 수 있다.

이런 식으로 설교 내용을 요약한 뒤에는 어떻게 해야 할까? 메모한 종이를 빨래통에 집어넣거나 성경책 속에 끼워놓거나 전화기 옆에 아무렇게나 던져놓을 수도 있겠지만, 그렇게 하는 것보다는 파일로 묶어서 한곳에 보관하는 편이 바람직하다.

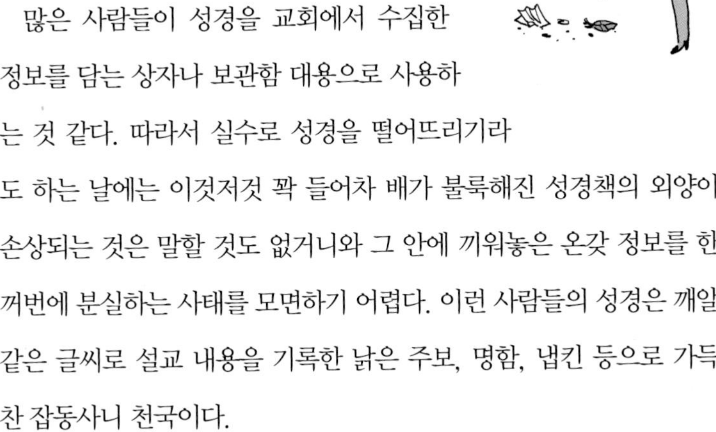

많은 사람들이 성경을 교회에서 수집한 정보를 담는 상자나 보관함 대용으로 사용하는 것 같다. 따라서 실수로 성경을 떨어뜨리기라도 하는 날에는 이것저것 꽉 들어차 배가 불룩해진 성경책의 외양이 손상되는 것은 말할 것도 없거니와 그 안에 끼워놓은 온갖 정보를 한꺼번에 분실하는 사태를 모면하기 어렵다. 이런 사람들의 성경은 깨알 같은 글씨로 설교 내용을 기록한 낡은 주보, 명함, 냅킨 등으로 가득 찬 잡동사니 천국이다.

그러나 별도의 파일을 마련하여 성경에서 수집한 귀한 자료들을 보관하기로 결정했다면 그 크기는 문제가 되지 않는다. 개인적으로 나는 성경책과 같은 크기의 파일을 선호한다. 가지고 다니는 데 간편하기 때문이다. 파일은 겉에 비닐로 씌운 것이나 표지가 가죽으로 된 것이 좋다. 그래야 오래 사용할 수 있고 자료도 손상되지 않는다.

예시용

설교를 메모하며 듣기 위한

설교 노트 1

날 짜 0000년 00월 00일 **설 교 자** E.M. 바운즈

설교 제목 믿음의 등불을 밝혀라!

성경 본문 "그러므로 내가 너희에게 말하노니 무엇이든지 기도하고 구하는 것은 받은 줄로 믿으라 그리하면 너희에게 그대로 되리라"(막 11:24).

설교 내용

눈에 보이지 않는 하나님과 대화를 나누려는 사람에게는 그 무엇보다 믿음이 필요하다.
이런 사람은 자기의 무력함을 절감하는 가운데 믿음의 손을 내밀어야 한다. 기도는 믿음의 놀라운 특권을 주장하는 것이다. 믿음의 무한한 유산을 손에 넣을 수 있는 방법이 기도이다. 기도를 중단한 믿음은 더 이상 살아 있는 믿음이 아니다.
큰일을 행하실 수 있는 그리스도의 능력을 믿는 믿음은 크게 기도하는 믿음이다. 큰일을 행하실 수 있는 그리스도의 능력에 믿음을 집중시킬 때 기적이 일어난다.
기도 시간에는 우리의 구주요 주님이신 예수 그리스도의 이름이 왕 노릇 해야 한다. 그분의 생명의 물결이 내 자아의 물결을 밀어낼 때, 그분은 내 기도에 귀를 기울이시고 응답하신다.

주 제 그리스도의 능력에 우리의 믿음을 집중시킬 때 기적이 일어난다.

요 점

- 기도자에게 가장 먼저 요구되는 것은 믿음이다.
- 강력한 기도를 할 수 있는 믿음은 강력한 분께 집중하는 데서 나온다.
- 주 예수님의 이름으로 기도해야 하나님의 역사가 일어난다.

기도제목

- 기도를 중단하지 않되 하나님의 뜻에 합당한 기도를 하게 하소서.
- 내 자아를 버리고 내 삶에 예수 그리스도께서 왕 노릇 하게 하소서.

적 용

- 매일 아침 10분씩 기도하도록 하겠다.
- 기도 노트를 작성하여 내 정욕대로 구하는 기도가 없는지 점검해보도록 하겠다.

* 위에 예시된 내용은 E. M. 바운즈의 《기도의 심장》(규장 역간) 내용을 바탕으로 재구성한 것이다.

실전용

설교를 메모하며 듣기 위한

설교 노트 1

날 짜　　　　설 교 자

설교 제목

성경 본문

설교 내용

주 제

요 점

기도제목

적 용

예시용

파이 한 판을 기억하며 메모하는

설교 노트 2

날 짜 0000년 00월 00일 **설 교 자** C. H. 스펄전

설교 제목 죄 사함의 은혜를 맛보라!

성경 본문 "침상에 누운 중풍병자를 사람들이 데리고 오거늘 예수께서 저희의 믿음을 보시고 중풍병자에게 이르시되 소자야 안심하라 네 죄 사함을 받았느니라"(마 9:2).

설교 내용

A **적용** – 이 말씀을 듣고 무엇을 실천해야 할까?

- 날마다 담대한 믿음으로 은혜의 보좌 앞에 나아가야겠다.
- 기도 시간에 내가 모르는 나의 죄를 구체적으로 보게 해달라고 기도해야겠다.

P **증거** – 이 말씀이 진리라는 것을 왜 믿을 수밖에 없는가?

우리가 가장 슬플 때, 어떤 분의 슬픔이 극에 달했던 장소에서 가장 큰 위로를 얻을 수 있다는 것은 모순되지만 참된 진리이다. 갈보리는 우리 주님이요 구세주이신 예수님의 슬픔이 절정에 달했던 곳이지만, 우리의 슬픔이 그치는 곳이기도 하다.

I **예증** – 요점에 대한 예화

탕자의 비유를 기억하는가? 그는 누더기를 걸치고 집에 돌아왔지만 아버지의 환대를 받았다. 집에 돌아와 예상치 못한 환대를 받은 탕자가 너무도 기뻐 흐느끼는 장면을 상상할 수 있겠는가? 아버지에게 용서받았을 뿐 아니라 다시 집에 돌아온 것을 실제로 실감했을 때, 그는 말 그대로 눈물을 펑펑 쏟았을 것이다. 거기에는 세월을 헛되이 낭비했다는 자책에서 나오는 쓰라린 눈물도 섞여 있었겠지만 그 눈물은 분명 기쁨의 눈물이었을 것이다.

E **설명** – 주제나 그 의미에 대한 구체적인 해설

참된 행복을 이루는 가장 주된 요소는 하나님과의 화해인데, 죄 사함을 받은 사람은 그것을 소유한다. 죄의 용서는 하나님의 선택의 증거이다. 그렇다! 죄 사함을 받은 사람은 더 이상 죄와 사탄의 노예가 아니라 그리스도 예수 안에 있는 자유인이다. 은혜로우신 성령께서 우리의 죄를 말끔히 씻겼다는 확증을 주실 때 우리는 가장 기쁘게 춤출 수 있다.

주 제 그리스도의 능력에 우리의 믿음을 집중시킬 때 기적이 일어난다.

기도제목

- 담대한 믿음으로 은혜의 보좌 앞에 나아가게 하소서.
- 십자가 아래서 나의 모든 죄를 자복하게 하소서.

* 위에 예시된 내용은 C. H. 스펄전의 《네 주께 굴복하라》(규장 역간) 내용을 바탕으로 재구성한 것이다.

실전용

파이 한 판을 기억하며 메모하는

설교 노트 2

날 짜 설 교 자

설교 제목

성경 본문

설교 내용

A **적용** – 이 말씀을 듣고 무엇을 실천해야 할까?

P **증거** – 이 말씀이 진리라는 것을 왜 믿을 수밖에 없는가?

I **예증** – 요점에 대한 예화

E **설명** – 주제나 그 의미에 대한 구체적인 해설

주 제

기도제목

개인 파일을 활용하라

당신이 교회나 일상에서 들은 하나님 말씀을 당신의 것으로 간직하기 위해서는 개인 파일을 마련하는 것이 좋다. 당신의 기호에 따라 컴퓨터 문서 파일로 만들든, 시중에 나온 파일을 장만하든 하라. 그런 다음, 파일을 다섯 부분으로 나누어 각 부분에 다음과 같은 명칭을 붙여라.

- □ 설교 노트
- □ 교회학교
- □ 성경공부
- □ 기도 일지
- □ 기타

첫째, 설교 노트는 앞에 제시한 '설교 노트 1, 2'를 컴퓨터 문서로 작성한 다음 여러 장 프린트해서 사용하거나, 그때그때마다 종이에 직접 그려서 사용하는 것이 좋다.

둘째, 교회학교는 성경공부 반에서 공부한 내용을 요약하는 곳이다. 별도의 양식을 사용하지 않고 '설교 노트 1, 2'와 동일한 양식을 사용해도 좋다.

셋째, 성경공부는 평일에 혼자 하나님 말씀(성경의 특정한 장이나 단락)을 공부하면서 그 내용을 기록하는 곳이다.

넷째, 기도 일지는 하나님께 어떤 내용의 기도를 드려 어떤 응답을 받았는지에 대해 구체적으로 기록하는 곳이다. 물론 여기에는 기도한 날짜와 응답받은 날짜를 반드시 기입해야 한다. 당신은 기도 일지를 기록하는 과정에서 당신의 기도생활에 생명력이 공급되고 믿음이 더욱 견고해지는 것을 경험할 뿐 아니라 살아 계신 하나님께서 당신을 위해 선하게 역사하고 계신다는 사실을 상기하게 될 것이다.

하나님께서는 당신을 기억하신다. 하나님께서는 당신의 기도를 반드시 들으시며, 하나님의 때가 되었을 때 하나님의 방법으로 응답하신다.

다섯째, 기타 파일에는 유익한 자료들, 인상적인 인용구, 예화, 현재 읽고 있는 책의 내용, 개인적인 일들, 해야 할 과업, 월간 목표나 연간 목표 등 기타 사항들을 기록한다.

이처럼 당신의 개인 파일을 다섯 부분으로 나누어 사용할 때, 특히 '설교 노트'와 '성경공부' 부분을 순서에 따라 정리하면 편리하다. 예를 들어, 나는 '설교 노트'와 '성경공부' 자료들을 성경 목록 순서대로 정리한다. 이렇게 하면 스바냐서에 관한 자료이든, 에스겔서에 관한 자료이든, 창세기에 관한 자료이든, 디도서에 관한 자료이든, 유다서에 관한 자료이든 필요할 때 쉽게 찾아볼 수 있다.

이런 식으로 당신의 개인 파일을 정리하면, 하나님께서 신구약 66권을 통해 당신에게 가르치시는 교훈을 효율적으로 깨달을 수 있다. 또한 이것은 당신이 하나님께 직접 배우거나 다른 사람을 통해 배운 것을 가볍게 여기지 않는다는 사실(히 2:1 ; 잠 6:20,21)을 하나님께 알려 드리는 방법이기도 하다.

이런 식으로 6~8개월 정도 열심히 자료를 수집하다보면 새로운 문제에 직면하게 된다. 파일의 분량이 너무 방대해지기 때문이다. 물론 확실한 해결책은 컴퓨터 문서 파일을 압축하거나 시디(CD)에 자료를 따로 저장해놓는 것이다. 만약 컴퓨터 사용이 용이하지 않은 사람이라면 여러 개의 서류철이나 파일을 이용해 개인 파일 수납장이나 책꽂이를 마련하는 방법도 고려해볼 수 있을 것이다.

여기서 주의할 사항이 있다. 이런 식으로 자료를 정리하다보면 당신은 더 많은 자료들을 수집하고자 하는 의욕을 갖게 될 것이다. 하지만 모든 자료를 영구 보존해야 하는 것은 아니다. 이런 식의 자료 수집은 정원 가꾸기와 같아서 가끔 가지치기를 해줄 필요가 있다. 자료가 넘쳐 특정 파일의 용량이 꽉 찰 경우에는 그 내용물을 일정한 기준에 따라 분류하는 작업을 해야 한다. 다시 말해서, 주제나 성경 장수(章數)를 기준으로 자료를 세분화하라는 말이다.

창세기를 예로 들면, 본래의 창세기 파일 이외에 3개의 파일을 더 만들어 본래의 파일에는 창세기 일반에 관한 자료를 넣고, 나머지 3개의 파일에는 각각 창세기 1-11장, 12-25장, 26-50장에 해당되는 자료를 보관한다. 이렇게 하다보면 세분화한 파일을 또다시 세분화하는 날이 언젠가 올 것이다. 그렇게 많은 자료들을 모을 만큼 당신이 성경 공부에 매진한다면 그보다 더 바람직한 일이 어디 있겠는가?

틈나는 대로 성경 말씀을 들어라

소형 녹음기나 엠피스리(MP3)만 있으면 일을 하거나 운동을 하거나 운전을 하거나 출퇴근하는 도중에도 성경 말씀을 들을 수 있기 때문에 '말씀 흡입량'을 몰라보게 늘릴 수 있다. 성경 말씀 파일은 기독교 사이트에서 쉽게 다운로드할 수 있고, 성경 녹음테이프나 시디(CD)는 기독교용품을 판매하는 상점에서 구입할 수 있다. 성경 말씀 파일이나 테이프 가운데는 다양한 효과음을 넣어 극적 효과를 더한 것도 있으니 자신에게 맞는 것을 구입하기 바란다.

그러나 성경을 배우기 위한 탁월한 방법 한 가지는 자신이 성경을 직접 읽으면서 녹음한 뒤에 그 소리를 되풀이해서 듣는 것이다. 이런 식으로 자기가 읽은 성경 말씀을 계속 재생하여 들으면 자신도 모르는 사이에 성경 말씀을 암송하게 된다.

성경 말씀을 익숙한 곡조에 맞추어 흥얼거리는 것도 좋은 방법이다. 이렇게 하면 성경 말씀이 우리 머릿속에 영구적으로 저장된다. 하나님의 말씀을 노래로 흥얼거리는 것은, 우리의 '정신'(精神)이라는 컴퓨터에 놀라운 프로그램을 설치하는 흥겨운 방법이다.

오늘날 많은 교회들이 주일 설교를 녹음하여 사람들에게 무료로 배포한다. 나는 강연 일정으로 부득이하게 본교회 주일예배에 참석하지 못할 경우, 그런 녹음 자료를 적극 활용한다. 그리고 같은 설교를 수차례 반복하여 들으면서, 말씀을 다시 들을 때마다 새로운 것을 깨닫게 된다는 사실에 깜짝 놀라곤 한다.

또 유명한 설교자들의 설교 테이프를 구입하여 교회 도서관이나 사무실에 비치하는 곳들도 있다. 우리는 그런 자료들을 효율적으로 활용하여 위대한 설교자들의 설교를 들을 수 있다. 우리는 훌륭한 성경 교

사들의 가르침이 녹음된 자료를 들음으로써, 자칫 허비할 수도 있는 자투리 시간을 유익하게 보낼 수 있다.

그리스도인으로서 성장하는 것, 이것은 하나님 말씀을 듣는 것과 깊은 관련이 있다. 그리고 하나님 말씀을 더 많이, 더 열심히 듣는 사람일수록 말씀의 능력을 충만하게 나타낸다.

03

읽기 내비게이션

안내 표지판을 세우며 달리다보면 성경읽기의 고속도로가 뚫린다

하나님 말씀을 읽는 기쁨

매일 성경을 읽기 위한 새로운 동기부여

하나님의 뜻과 그것이 기록된 부분을 기억하는 법

다음과 같은 주제에 대해 성경의 도움을 받고 싶을 때 성경 어느 곳을 찾으면 될까? 각각의 주제와 관련된 성경 본문을 빈칸에 적어보라.

- □ 불안 혹은 염려 ________
- □ 구원의 확신 ________
- □ 그리스도인의 삶 ________
- □ 갈등 ________
- □ 기쁨 ________
- □ 신자의 죽음 ________
- □ 우울함 ________
- □ 의심 ________
- □ 두려움 ________
- □ 죄책감 ________
- □ 말씀을 향한 갈망 ________
- □ 열등감 ________
- □ 불면증 ________
- □ 비관적 태도 ________
- □ 사랑 ________
- □ 부모 자식 간의 관계 ________
- □ 질병 ________
- □ 성령충만한 삶 ________

- [ ] 죄의 용서 ________
- [ ] 열매 맺는 삶 ________
- [ ] 나를 향한 하나님의 뜻 ________
- [ ] 고난과 시련 ________
- [ ] 시험 ________
- [ ] 옛 본성에 대한 승리 ________

몇 개의 빈칸을 채웠는가? 하나도 채우지 못했다 할지라도 낙담하지 말라. 이번 장에서 제시하는 기법을 잘 활용하기만 하면 당신은 자신의 성경 지식이 몰라보게 향상되었다는 사실에 깜짝 놀랄 것이다. 위 사항에 대한 답을 다음에 제시할 테니 해당되는 성경구절을 꼭 읽어보고 기억하기 바란다.

- [ ] 불안 혹은 염려 — 시 37편 ; 마 6장 ; 빌 4장 ; 벧전 5장
- [ ] 죄책감 — 시 51,103편
- [ ] 구원의 확신 — 롬 8장 ; 요일 5장
- [ ] 말씀을 향한 갈망 — 시 19,119편
- [ ] 그리스도인의 삶 — 마 5–7장
- [ ] 열등감 — 시 139편 ; 빌 4장
- [ ] 갈등 — 약 4장
- [ ] 불면증 — 시 4편
- [ ] 기쁨 — 빌 4장 ; 골 3장
- [ ] 비관적 태도 — 고전 13장
- [ ] 신자의 죽음 — 요 14장 ; 고전 15장 ; 살전 4장 ; 계 21,22장

□ 사랑 고전 13장

□ 우울함 시 42,43편

□ 부모 자식 간의 관계 신 6장 ; 엡 6장 ; 골 3장

□ 의심 하박국서 ; 약 1장

□ 질병 시 41편 ; 약 5장

□ 두려움 시 121편 ; 딤후 1장

□ 성령충만한 삶 롬 8장

□ 죄의 용서 시 51편 ; 요일 1장

□ 고난과 시련 고후 1장 ; 약 1장

□ 열매 맺는 삶 요 15장

□ 시험 고전 10장 ; 약 1장

□ 나를 향한 하나님의 뜻 롬 12장 ; 고전 12장 ; 엡 4장

□ 옛 본성에 대한 승리 롬 6–8장

성경읽기에 전념하라!

이번에는 좀 더 쉬운 문제를 내보겠다. 다음에 제시한 인물이나 주제와 관련된 성경구절이 어디인지 적어보라.

□ 스룹바벨 ________ □ 십계명 ________

□ 바울의 전도여행 ________ □ 홍해가 갈라진 사건 ________

- ☐ 솔로몬의 성전 건축 ______
- ☐ 팔복(八福) ______
- ☐ 나사로가 살아난 이적 ______
- ☐ 다윗의 왕정 ______
- ☐ 아브라함과 이삭 ______
- ☐ 성화(聖化) ______
- ☐ 산상수훈 ______
- ☐ 영적 은사들 ______

위 주제와 관련된 책 이름뿐만 아니라 구체적인 장(章)까지도 즉시 기입할 수 있다면, 당신 자신이 정말 대단하다고 느껴지지 않겠는가?

성경과 친해지기 위한 7가지 방법 가운데 두 번째 방법은 성경을 직접 읽는 것이다. 사도 바울은 자신의 제자인 디모데에게 성경을 읽는 일에 전념하라고 가르쳤다(딤전 4:13). 당시 구약성경이야말로 디모데의 사역의 토대이자 방벽이었다.

또한 요한계시록 1장 3절은 하나님의 예언의 말씀을 들을 뿐만 아니라 읽는 이들에게 축복을 약속한다.

성경, 읽는 건지 마는 건지…

성경을 읽을 때 발생하기 쉬운 문제는 우리가 그것을 '눈으로만' 읽는다는 것이다. 우리의 눈은 분명히 활자를 훑고 지나가지만 마음은 그 의미를 받아들이지 못한다. 우리는 마치 수상스키를 타는 사람이 수면 위를 스치듯 날아가는 것처럼 단어와 문장을 읽지만 그 속에 담긴 뜻을 음미하지 않는다.

또 다른 문제는 아무 목적도 없이 그저 '성경을 읽었다'라는 만족감을 얻기 위해 성경을 읽는다는 점이다. 목표를 겨냥하지 않으면 아무것도 맞출 수 없다.

더욱이 우리 두뇌의 정보 보존력은 매우 낮다. 나는 앞에서 우리가 어떤 것을 읽은 뒤에 사흘이 지나면 원래 읽었던 것의 10퍼센트밖에 기억하지 못한다는 알프레드 문저르트 박사의 연구 결과를 언급했다. 아마 당신은 성경의 어떤 부분을 읽고 또 읽어도 늘 처음 읽는 것 같은 느낌을 받을지도 모른다. 그렇다면 이 책이 당신을 도울 수 있다!

성경읽기를 통해 성경에서 더 많은 것을 얻기 위해서 내가 이 책에서 제안하는 방법들은 매우 간단하다. 아마 당신은 이런 간단한 방법이 과연 효과가 있을지 고개를 갸우뚱하겠지만 일단은 믿고 시도해보기 바란다. 나는 이런 방법으로 성경을 공부하면서 정말 유익하고 흥미로운 경험을 했고, 지금도 여전히 그런 경험을 하고 있다.

정독하며 장 제목 붙이기

성경을 읽을 때마다 각 장(章)에 알맞은 제목을 붙여라! 요령은 어떤 장이 말하고자 하는 것을 몇 단어로 줄일 수 있을 때까지 주의 깊게 (필요하다면 몇 번이라도 반복하여) 읽는 것이다. 성경의 각 장에 제목을 붙이는 작업은 신문 기사에 표제를 붙이는 것과 같다. 따라서 각 장의 제목은 간결해야 하고 장 전체의 요점을 정확히 포착하는 것이어야 한다.

어떤 사람이 에스겔서 37장을 읽은 뒤에 그 내용을 간략히 요약하지 못한다면, 그는 아직까지 38장으로 넘어갈 준비가 되어 있지 않은 것이다. 그런 상태에서 38장을 읽어보았자 오히려 혼란만 가중된다. 그는 다시 37장으로 돌아가 핵심을 파악하여 간단명료하게 진술해보아야 한다.

각 장에 제목을 붙이는 작업은 장 전체의 핵심을 뽑아내는 데 매우 좋은 방법이다. 성경 각 장의 제목은 그 장의 개요를 알리는 인식표(군인의 이름과 군번이 새겨진 휴대용 금속제)와 같다.

이번 장 처음에 제시한 주제들 각각에 해당하는 성경구절을 모두 기입할 수 있는 사람은 그리스도인들 가운데 그리 많지 않을 것이다. 그러나 하루에 15~20분만 투자하여 성경 각 장에 제목을 붙여나가면 당신이 바로 그 주인공이 될 수 있다.

목표로 정한 책(창세기면 창세기, 마태복음이면 마태복음)의 장 제목을 다 붙인 다음에는, 걷거나 친구를 기다리거나 일상의 일을 수행할 때 그 책의 주요 내용을 장 순서대로 곰곰이 되뇌어보라!

장 제목을 붙이는 네 가지 규칙

다음 4가지 규칙을 잘 따르면 '장 제목 붙이기'를 통해 큰 유익을 얻을 수 있다. '넷'(FOUR)이란 단어만 기억하면 이 4가지 규칙을 수월하게 암기할 수 있다.

첫째, '4개'(Four) 이내의 단어로 한다.

'네 단어'는 내가 임의로 정한 한계이다. 장 제목을 짤막하게 붙이려고 애쓰다보면 성경을 더욱 집중해서 읽을 수밖에 없다. 어떤 장의 제목을 한두 단어로 요약할 수 있다면 그렇게 하는 것이 좋다.

둘째, 자신만의 '독창적인'(Original) 단어로 한다.

당신이 창안한 단어로 장 제목을 붙여라. 시중에는 성경 각 장과 단락에 제목을 붙인 다양한 주석성경이 나와 있다. 하지만 그것은 출판사 직원들의 작업의 산물이다. 그들이 그런 창의적인 작업을 통해 축복을 받았으니 이제는 당신이 축복을 받을 차례이다.

이런 작업을 수행할 때에는 온갖 보조 자료를 가득 담고 있는 주석 성경을 가급적 사용하지 않는 게 좋다. 당신 스스로 제목을 붙인 뒤에 그것을 다른 사람들이 붙인 제목과 비교해보라. 아마 당신이 붙인 제목이 훨씬 더 마음에 들 것이다. 당신 자신의 생각이 반영된 제목이니 그것은 당연한 결과이다.

셋째, 해당 장과 관련된 '독특한'(Unique) 단어를 쓴다.

장 제목은 해당 장의 내용과 잘 어울려야 하며 그 장이 성경 이야기의 흐름 속에서 차지하는 독특한 역할을 정확히 포착해야 한다. 예를 들어 '하나님의 율법'이라는 장 제목은 너무 포괄적이다. 그 제목은 성경 전체 1,189장 대부분에 적용된다.

넷째, 핵심 내용을 '포함하는'(Retainable) 단어를 활용한다.

장 제목은 특정한 장이 묘사하는 행위나 주장을 드러내야 한다. 유명한 구절이나 평소 좋아하던 구절이 특정한 장의 주제를 요약하고 있거나 예증하는 경우, 그것들을 찾아 장 제목으로 삼기는 그리 어렵지 않을 것이다.

또한 장 제목은 심오하거나 재치 있는 것이 아니어도 관계없다. 나는 에베소서 1장의 제목을 '삼위일체로 말미암은 구속(救贖)'이라 붙였다. 그것이 성부 하나님과 성자 하나님과 성령 하나님의 구원의 역사를 묘사하는 데 장 전체 분량을 할애하는, 성경에서 유일한 장에 딱 맞는 독창적인 제목이라고 생각하기 때문이다.

또한 나는 느헤미야서 1장의 제목을 '보고와 반응'이라 정했다. 이

제목은 너무 평범하고 일반적인 것처럼 보인다. 그러나 나는 느헤미야서 1장의 내용이, 느헤미야가 예루살렘 성벽 붕괴에 관한 보고(報告)를 받은 것과 이에 대하여 눈물과 기도로 반응하는 것으로 구성되어 있다고 생각한다.

이처럼 성경 각 장에 제목을 붙이는 작업은 전적으로 읽는 사람의 유익을 위한 것이다. 그리고 이 작업은 매우 흥미로운 효과를 창출하는데, 우리의 독서 속도를 늦추어 성경을 더욱 깊이 묵상하게 만든다는 점이 그것이다. 성경을 눈으로만 대충 읽는 사람은 각 장에 제목을 붙일 수 없다.

쉽게 얻은 것은 쉽게 잃는다

대개의 경우, 특정한 장을 한 번 읽는 것만으로는 장 제목을 붙일 수 없다. 우리가 특정한 장에 어울리는 제목을 찾기 위해 고심하면서 똑같은 장을 수차례 반복하여 읽어도 하나님은 결코 언짢아하지 않으신다. 때로 우리는 진도를 빨리 빼고자 하는 욕심과 조급함에 사로잡힌다. 물론 빠른 속도로 성경을 읽어나가는 것도 중요하다. 그러나 성경 말씀을 한 구절이라도 마음에 새겨 그 말씀을 통해 우리가 변화되는 것이 중요하다.

어떤 장의 내용이 너무 복잡하여 한 가지 제목을 붙이기 어려울 때는 단락 단위로 나누어 여러 개의 제목을 붙여라. 아마 당신은 "오히려

그게 더 힘들지 않을까요?"라고 물을지 모른다. 물론 그럴지도 모른다. 하지만 성경공부는 은행에 돈을 예금하는 것과 같아 투자를 많이 할수록 더 많은 이윤을 남긴다.

이렇게 각 단락마다 제목을 붙인 다음, 거기서 핵심이 되는 단어들을 하나로 연결하여 장 제목을 만들면 된다. 예를 들어, 야고보서 1장을 세 단락으로 나누어 제목을 붙여보자.

- ☐ 약 1:1-11 인내를 만드는 외적 시련
- ☐ 약 1:12-18 죄를 만드는 내적 유혹
- ☐ 약 1:19-27 듣지만 말고 행하라

그런 다음 각 단락의 제목에서 핵심이 되는 단어들을 연결하여 장 제목을 붙이면 "시련, 유혹, 행하라"가 된다. 이렇게 하면 세 단어를 사용하여 장 전체의 핵심을 포착할 수 있다. 장 제목은 완벽한 문장이 아니어도 괜찮으며 조사나 부사는 생략해도 무방하다.

나는 요나서 1장의 제목을 '하나님께로부터 도망친 요나'라고 정했다. 당신도 요나서 1장을 읽고 나름대로 제목을 붙여보기 바란다. 이전에도 여러 번 요나서 1장을 읽었겠지만, 이처럼 장 제목을 붙이기 위해 읽을 때 당신은 그 어느 때보다 더 주의 깊게 성경을 읽게 될 것이다.

그런데 절(節) 수가 많아 분량이 아주 긴 장에 제목을 붙이려면 어

떻게 해야 할까? 어려울 것 없다. 공통분모를 찾아 연결하면 되기 때문이다.

당신은 성경 전체 1,189장 각각에 성공적으로 장 제목을 붙일 수 있다. 확실히 보장할 수 있다. 내가 직접 해보았고 또 내 주변에 있는 많은 사람들이 그렇게 하고 있기 때문이다.

지레 겁먹지 말라. 자신의 계획에 따라 하루하루 성실하게 나아가라. 계획을 세울 엄두조차 나지 않는다면 하루에 한 장씩만 해보라. 그렇게 느린 걸음으로 나아간다 해도 엿새가 지나면 '에베소서 박사'가 될 것이요, 다시 보름이 지나면 로마서의 주요 내용에 정통한 선생이 될 것이요, 다시 50일이 지나면 창세기를 훤히 꿰뚫는 대가(大家)가 될 것이다.

성령님께 도움을 청하라

이렇게 해도 어떤 장의 제목이 잘 떠오르지 않으면 그때는 깊은 묵상에 들어가라. 혼자 골방에 앉아 조용히 숙고할 여유가 없다면 성경을 덮고 잠을 청하기 전에 그 장의 내용을 당신의 두뇌 컴퓨터에 입력하라. 그러면 당신이 휴식을 취하고 있는 동안에도 잠재의식이 작동하여 그것에 대해 생각할 것이며, 굳이 따로 시간을 내어 그 문제에 대해 생각하지 않더라도 바쁜 일상에서 순간순간 그것에 대해 숙고할 것이다. 이렇게 하면 그 장의 핵심 내용이 조만간 수면 위로 떠오를 것이다.

또한 성령님께 도움을 청하라. 주님은 우리가 말씀을 제대로 깨닫기를 바라신다. 예수님은 언제나 제자들이 주님의 말씀을 올바로 깨닫고 기억하기를 기대하셨다. 그리고 성령께서는 우리의 연약한 기억력을 도우신다.

장 제목은 성경책 여백에 적어도 좋고 따로 공책을 마련하여 기입해도 좋다. 그리고 그것은 자신의 생각에 따라 붙인 것이므로 언제든지 수정해도 괜찮다.

또한 우리는 장 제목을 오래 기억하기 위한 보조 수단으로 이합체 문장을 사용할 수도 있다. 이합체 문장이나 어구 만들기에 관해서는 바로 뒤에서 설명하도록 하겠다.

일단 요나서로 연습을 해보라. 그런 다음 당신이 지금 읽고 있거나 교회 성경공부 반에서 공부하고 있는 책(창세기면 창세기, 마태복음이면 마태복음)을 갖고 각 장의 제목을 붙여보기 바란다. 당신이 장 제목을 붙이기 위해 성경을 읽고 또 읽을 때, 이전에 미처 깨닫지 못한 진리를 새롭게 깨달을 것이고 이에 대해 놀라움을 금치 못할 것이다.

이합체 문장 만들기

우리 두뇌의 정보 보존력은 매우 취약하므로 각 장에 붙인 제목들을 효율적으로 기억하기 위한 수단이 필요하다. 이때 매우 유용하게 활용할 수 있는 수단이 '이합체'(離合體, acrostic)라는 문학 형식이다. 이합체란 일련의 문장이나 어구나 단어의 첫 글자들을 결합하여 다른 문장이나 어구나 단어를 만드는 것을 말한다.

성경의 특정한 책(창세기면 창세기, 마태복음이면 마태복음)의 장 제목들의 첫 글자를 결합하여 이합체를 만들려면 먼저 읽고자 하는 책이 총 몇 장으로 구성되어 있는지 파악해야 한다. 그리고 그 숫자에 맞는 글자 수로 책의 주제를 정한 뒤, 각 장에 해당되는 첫 글자로 제목을 붙이면 된다.

예를 들어, 마태복음이 총 28장으로 구성되어 있으므로 책의 주제는 28자(字)가 되어야 한다(이때 성경에 대한 지식이 전무한 사람이라면 목회자나 성경교사에게 조언을 구하거나 주석성경을 참조하여 읽고자 하는 책의 주제를 파악해도 좋다). 이는 상당한 시간과 노력을 요하는 고된 작업이지만 엄청난 보상을 약속한다.

이합체 문장(단어나 어구)은 그 책의 주제를 명료하게 표현할 수 있거나 적어도 그 책의 주제와 관련된 것이어야 한다. 나는 요나서를 생각하면 '큰 물고기'가 떠오른다. 따라서 요나서 각 장의 제목을 다음과 같이 붙여볼 수 있다(각 장의 첫 자를 연결하면 '큰 물고기'가 된다).

- ☐ 1장 큰 성읍 니느웨로 가지 않고 도망한 요나
- ☐ 2장 물고기 배 속에서 기도한 요나
- ☐ 3장 고대하던 니느웨의 구원
- ☐ 4장 기고만장한 요나와 하나님의 긍휼하심

당신이 붙인 제목은 이것과 다를 것이다. 자신만의 독창적인 제목을 원할 테니 말이다.

분량이 긴 책들의 장 제목도 이합체로 구성할 수 있다. 요한복음의 경우에는 총 21장으로 이루어져 있으니까 책의 주제를 스물한 글자로 정한 뒤에 각 장에 해당되는 글자로 제목을 붙이면 될 것이고, 욥기는 총 42장으로 이루어져 있으니까 책의 주제를 마흔두 글자로 정한 뒤에 각 장에 해당되는 글자로 제목을 붙이면 될 것이다. 레위기 총 27장 역시 다음과 같이 정리할 수 있다.

레위기의 장별 제목

1장 **H**oliness demands burnt offerings 성결은 번제를 요구함
2장 **A**cceptance of meal offerings 소제를 받으심
3장 **N**ecessity of peace offerings 화목제의 필요성
4장 **D**emand for sin offering 속죄제를 요구하심
5장 **B**urnt offerings for trespasses 범과에 대한 번제
6장 **O**ffering laws for priests 제사장을 위한 제사의 규례
7장 **O**ffering laws for priests 제사장을 위한 제사의 규례
8장 **K**eeping the priest consecrated 제사장의 성결

9장 **O**ffering of Aaron's sacrifice 아론의 속죄제
10장 **F**ire consumes Nadab and Abihu 화염이 나답과 아비후를 사름

11장 **W**arning against unclean animals 부정한 짐승에 대한 경고
12장 **O**fferings for birth purification 해산한 여인의 정결을 위한 제사
13장 **R**equirements for unclean lepers 문둥병에 관한 규례
14장 **S**ign of cleansing lepers 치유된 문둥병자를 위한 징표
15장 **H**ygiene for human uncleanness 부정한 사람들을 위한 위생법
16장 **I**nstitution of annual atonement 대속죄일 제정
17장 **P**rominence of the blood 피의 고귀함

18장 **F**orbidding of sexual impurities 성적 부정에 대한 금지
19장 **O**rders to be holy 거룩한 규례들
20장 **R**estrictions against moral sin 도덕적인 죄에 대한 금지

21장 **P**riest's qualifications before God 제사장의 자격 요건
22장 **R**espect for God's offerings 성물을 중시하라
23장 **I**nstitution of religious feasts 절기 제정
24장 **E**ating the holy bread 제사장들을 위한 거룩한 떡
25장 **S**abbatical year and jubilee 안식년과 희년
26장 **T**rouble promised for disobedience 불순종하는 자들에게 임할 재앙
27장 **S**eriousness of keeping vows 서원을 지키는 것의 중요성

"HANDBOOK OF WORSHIP FOR PRIESTS"
(영어의 첫 철자를 다 합하면 이 주제가 만들어진다)

"제사장들을 위한 예배 지침서"

성경읽기에 심취한 경험이 있는가?

배리 허들스턴(Barry Huddleston)은 신구약 66권의 장 제목을 이합체로 만들어 《이합체 성경》이란 제목의 책을 출판하기도 했다. 앞에 제시한 '레위기의 장별 제목'도 그중에 하나이니 참고하기 바란다.

허들스턴은 대학생일 때 경건 훈련 차원에서 이처럼 고된 작업을 수행했다. 그는 방학 때 무려 80시간 동안이나 꼬박 이 작업에 전념하기도 했다. 그는 성경 각 장에 제목을 붙이고 그것들을 이합체로 만드는 이 작업을 통해 그때까지 시도한 어떤 성경공부 방법보다 하나님께 더 가까이 나아갈 수 있었고 말할 수 없는 환희를 맛보았다고 힘주어 말한다.

우리가 성경을 집중하여 읽는 것을 하나님께서 싫어하실까? 시편기자는 "주의 말씀은 내 발에 등이요 내 길에 빛이니이다"(시 119:105)라고 노래한다. 하나님께서는 우리가 하나님의 자녀로서 하나님과 동일한 생각을 갖기 원하신다.

하나님 말씀에 완전히 몰두하여 시간 가는 줄 모르고 성경을 읽은 적이 있는가? 최근에 그랬던 적이 언제인가? TV를 보거나 컴퓨터 게임을 하는 대신 성경을 읽으며 저녁 시간을 꼬박 보낸 적이 있는가? 말씀에 심취하여 아침부터 저녁까지 꼬박 성경을 읽은 적이 있는가?

주님, 주님이 주신 놀라운 말씀을 기쁜 마음으로 읽지 못하고 의무감으로 마지못해 읽어온 우리를 용서하소서!

성경읽기 방법의 다양성

성경읽기의 묘미는 '방법의 다양성'에 있다. 창세기의 창조 기사를 읽어보면 하나님께서 다양성을 좋아하신다는 사실을 알 수 있다. 우리 눈에 똑같아 보이는 눈송이도 자세히 보면 제각각 다르고, 사람들의 지문도 세계 인구만큼이나 다 다르다. 약 68억의 세계 인구가 모두 눈과 코와 입과 귀를 갖고 있지만, 하나님께서는 그것들을 각각 68억 가지 모양으로 만드셨다.

성경공부에 따르는 한 가지 위험은 만족스러운 방법 하나를 발견하여 미련스럽게 그것만을 고집하는 것이다. 어떤 사람이 불고기를 아무리 좋아한다 해도 엿새 동안 그것만 먹으면 질리는 것이 당연하다.

그러므로 성경 각 장의 제목 첫 글자를 짜 맞추어 이합체를 구성하는 작업에도 변형이 필요하다. 장 제목을 전부 같은 글자로 시작하는 것은 어떨까? 예를 들어, 요나서 각 장의 제목을 다음과 같이 똑같은 글자로 시작하면 이합체를 만드는 작업이 매우 흥미로워질 것이다.

- ☐ 1장 요나의 도망
- ☐ 2장 요나의 기도
- ☐ 3장 요나의 선포
- ☐ 4장 요나의 불평

아니면 다음과 같이 각 장의 제목 말미에서 운(韻)을 맞추는 것도 흥미로운 일일 것이다.

- ☐ 1장 하나님으로부터 **도망치다**
- ☐ 2장 물고기 배 속에서 **기도하다**
- ☐ 3장 니느웨를 향해 **경고하다**
- ☐ 4장 한적한 곳에서 **원망하다**

아마 당신은 이런 작업을 아직 한 번도 해보지 않았을 것이다. 그렇다면 신구약 66권 가운데 비교적 분량이 짧은 책을 택하여 오늘부터 시작해보기 바란다. 장 제목 첫 글자를 결합한 이합체 문장 만들기를 일단 한 번 완료하면, 두 번째 책을 택하여 작업할 때는 당신 나름의 비법을 터득할 수 있을 것이다.

하루에 한 장씩 하면 약 3년 만에 신구약 전체를 완료할 수 있다. 3년이라는 시간이 길게 느껴지는가? 만일 당신이 3년 전에 이 작업을 시작했다면, 바로 오늘 성경 1,189장의 제목을 붙이는 작업을 완료하고 기쁘게 춤을 추었을 것이다. 그러니 오늘부터 시작하라!

그룹을 지어(그룹을 짓기가 어렵다면 당신의 배우자나 가까운 친구와 단둘이 해도 좋다) 이 작업을 함께한다면 더욱 흥미로울 뿐 아니라 창의력과 기쁨이 배가될 것이다.

성경 속에도 고속도로가 있다!

신구약 66권 가운데 17권만 집중해서 읽으면 성경의 대략적 줄거리를 파악할 수 있다. 나머지 49권은 성경의 줄거리를 빠르게 전개시키는 이 17권에 대한 보충 자료이기 때문이다. 그러므로 먼저 이 17권의 책 각 장에 제목을 붙이면 성경의 큰 그림을 어느 정도 파악할 수 있다.

'성경의 줄거리를 전개시키는 17권의 책'을 표로 만들어보았다. 82,83쪽 표에 나온 구약성경 11권과 신약성경 6권을 주목하라. 표를 잘 보면 큰 상자 아래 작은 상자들이 수직으로 배열되어 있는 것을 볼 수 있는데, 작은 상자 안에 들어 있는 책들은 큰 상자 안에 들어 있는 책의 내용을 보충하거나 그것과 동일한 시대에 기록된 책들이다.

그러므로 큰 상자 안에 들어 있는 책과 그 밑에 수직으로 배열된 작은 상자 안에 들어 있는 책들을 '한 벌'로 다 읽으면 특정 시기에 관련된 성경의 기록을 모두 읽는 셈이 된다. 예를 들어, 에스라(바벨론에 포로로 끌려갔던 유대인들을 데리고 예루살렘으로 귀환한 사람)서와 에스더서, 학개서, 스가랴서를 '한 벌'로 읽으면 에스라 시대에 관련된 성경 기록을 다 읽게 되는 것이다.

구약성경 대부분의 예언서들이 열왕기상하의 시대와 바벨론 포로 직전의 시기에 관련되어 있다는 점을 주목하라. 이는 수많은 선지자들이 이스라엘 백성에게 회개를 촉구한 뒤에 바벨론 군대가 유다 왕국을 침략했다는 사실을 증명한다. 이처럼 하나님께서는 충분히 경고하고 회개할 기회를 주신 다음에 개인이나 민족을 심판하신다. 그것은 오늘날도 마찬가지이다. 하나님께서는 징벌하기 전에 우리에게 경고하신다.

다음에 '성경의 줄거리를 전개시키는 17권의 책 내용'을 간략히 소개해놓았다. 이 17권의 내용이 성경의 역사이다. 그리고 성경의 역사(history)는 정말 '하나님의 이야기'(His Story)이다. 그러니 성경을 읽어라! 하나님께서 당신에게 무엇을 말씀하시는지 한 장 한 장 제목을 붙이면서 주의 깊게 읽어보라!

성경의 줄거리를 전개시키는 17권의 책 내용

1 **창세기** 하나님을 제외한 모든 것의 시작을 말한다. 인간들의 반항과 반역이 거듭되자 하나님께서는 아브라함과 이삭과 야곱을 통하여 히브리 민족을 일으키셨다. 70명의 히브리인들이 기근을 피하여 애굽으로 내려갔다.

2 **출애굽기** 크게 번성한 히브리 민족이 애굽의 압제에서 탈출하여 모세의 영도(領導) 아래 시내산에 당도했다. 하나님께서 히브리 민족(이스라엘 백성)에게 율법과 더불어 '성막'이라 불리는 이동식 예배 처소의 제작에 관한 지침을 주셨다.

3 **민수기** 이스라엘 백성이 시내산에서 머물면서 계시를 받은 뒤, 약속의 땅으로 나아가기 위해 인구 조사를 실시하고 또 진(陣)을 편성했다. 그들은 하나님의 능력을 의심하다가 벌을 받아 40년 동안 광야에서 방황했다.

4 **여호수아서** 모세의 보좌관이던 여호수아가 하나님 군대의 사령관으로 임명되어 백성을 이끌고 약속의 땅 가나안을 정복했다. 여호수아서 후반부에서 여호수아는 하나님 앞에서 제비를 뽑아 이스라엘 열두 지파에게 가나안 땅을 분배했다.

5 **사사기** 이스라엘 백성이 하나님께 순종하지 않아 번번이 곤경에 빠졌다. 이에 '사사'(士師)라 불리는 12명의 지도자들이 차례로 일어나 백성을 적들의 손아귀에서 건지고 얼마간 통치했다.

6 **사무엘상** 마지막 사사 사무엘과 초대 왕 사울에 관한 이야기이다. 사무엘은 사울의 머리에 기름을 부어줌으로써 전제군주를 원하는 백성의 요구를 들어주었다.

7 **사무엘하** 이스라엘의 제2대 왕 다윗에 관한 내용이다. 다윗은 이웃 여인과 부적절한 관계를 맺음으로써 고뇌에 사로잡히기도 했다. 그는 회개했고 또 하나님께 용서함을 받았지만, 죄의 대가를 톡톡히 치러야 했다.

8 **열왕기상** 이스라엘의 제3대 왕 솔로몬에 관한 이야기이다. 그는 초기에 지혜로 통치하여 부귀와 영화를 누렸지만, 이방 여인 축첩(蓄妾)과 그들이 가져온 잡다한 우상을 숭배한 것 등으로 백성의 원성을 샀다. 결국 히브리 민족의 통일왕국이 남과 북으로 분열되었다.

9 **열왕기하** 서로 대립하던 히브리 민족의 두 왕국이 외세에 의해 멸망했다. 북이스라엘은 앗수르(아시리아)에게, 남유다는 바벨론에게 멸망당했다.

10 **에스라서** 유대인들이 바벨론에 끌려가 포로생활을 한 지 70년 후에 스룹바벨과 에스라가 백성을 이끌고 예루살렘으로 귀환해 예루살렘 성전을 재건했다.

11 **느헤미야서** 스룹바벨과 에스라에 이어 느헤미야가 백성을 이끌고 고향으로 돌아와 예루살렘 성벽을 재건했다. 구약시대가 종결되는 부분이다. 말라기서에서 마태복음까지 400년 동안의 중간기(침묵기)가 시작된다.

12 **마태복음** 유대인의 왕으로 오신 예수 그리스도에 관한 이야기이다. 마태는 예수님이 유대인들이 그토록 대망하던 메시아, 곧 구약이 예견하고 그려왔던 하나님의 기름 부음을 받은 자라는 내용을 요점으로 저술했다.

13 **마가복음** 모든 사람의 종으로 오신 예수 그리스도에 관한 이야기이다. 사복음서 중에서 제일 짧은 이 책은 예수님의 출생이나 계보에 대해 기록하지는 않지만 그리스도께서 하신 일에 대해 가장 많이 말한다.

14 **누가복음** 인간의 아들로 오신 예수 그리스도에 관한 이야기이다. 누가가 그리스도를 칭할 때, 가장 즐겨 사용한 단어가 "인자"(人子)이다.

15 **요한복음** 하나님의 아들로 오신 예수 그리스도에 관한 이야기이다. 사도 요한은 그리스도께서 다른 인간들과는 전혀 다른 절대적으로 유일무이한 분임을 강조한다.

16 **사도행전** 교회의 초기 역사에 대해 말한다. 사도들의 전 세계(당대에 알려졌던 전 세계)적인 전도여행을 통해 복음이 확산되는 과정을 말한다.

17 **요한계시록** 세상의 종말과 그 이후에 일어날 일들에 관한 예언이다. 사도 요한은 과거(그리스도께서 주신 환상을 본 것)와 현재(일곱 교회에 보내는 편지)와 미래에 대해 기록했다.

성경의 줄거리를 전개시키는 17권의 책

구약

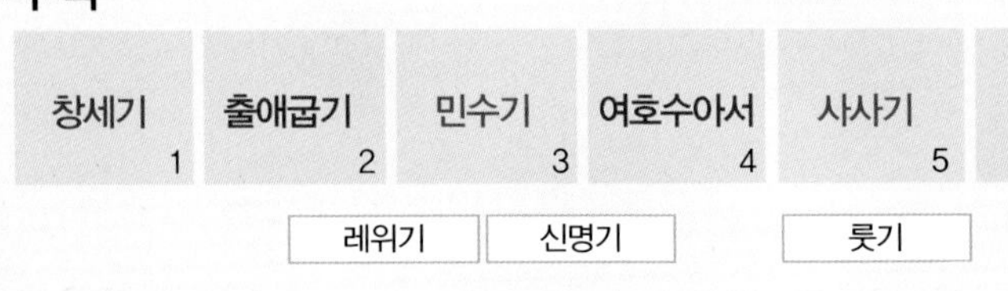

욥기

✢ 17개의 큰 상자 아래 49개의 작은 상자들이 수직으로 배열되어 있다. 이 작은 상자 안에 들어 있는 책들은 큰 상자 안에 들어 있는 책의 내용을 보충하거나 그것과 동시대에 기록된 책들이다. 작은 상자 안에 있는 책들의 순서가 성경 목록의 순서와 다른 까닭은 기록 연대순이나 사건 순서로 배열했기 때문이다.

신약

마태복음 12 | 마가복음 13 | 누가복음 14 | 요한복음 15

사무엘상 6	사무엘하 7	열왕기상 8	열왕기하 9	바벨론 포로 시대	에스라서 10	느헤미야서 11

역대상 | 역대하 | 에스더서

시편 | 아가서 | 잠언 | 전도서

오바댜서 | 요엘서 | 요나서 | 아모스서 | 호세아서 | 미가서 | 이사야서 | 나훔서 | 스바냐서 | 예레미야서 | 하박국서 | 예레미야애가

다니엘서 | 에스겔서

학개서 | 스가랴서

말라기서

4 0 0 년 의 침 묵 기

사도행전 16	바울이 석방됨	후기 사도 시대	요한계시록 17

1-12장 행 13-15장 행 16-18장 행 19-21장 행 22-28장

갈라디아서	데살로니가전서	고린도전서	에베소서	디모데전서	요한일서
야고보서	데살로니가후서	고린도후서	골로새서	디모데후서	요한이서
		로마서	빌레몬서	디도서	요한삼서
			빌립보서	베드로전서	유다서
				베드로후서	히브리서

전체적인 그림 먼저 살피기

러클리 씨는 결혼 이후 처음으로 가족과 함께 여행을 떠나기로 했다. 시카고 방문은 러클리 씨에게도 처음 있는 일이었다. 그들은 들뜬 마음으로 출발했지만 밤새 폭우가 내려 길을 잃고 헤맨 탓에 기분이 말이 아니었다. 간신히 숙소를 정하고 아침에 눈을 떴을 때 동녘에 솟아오르는 태양이 기분을 돋워주는 듯 했지만, 그 큰 도시를 어디서부터 어떻게 구경해야 할지 몰라 그들은 그저 난감하기만 했다.

다행히 그들은 현지인의 조언을 받아 윌리스 타워(시카고에 있는 마천루로 높이가 442m이다)를 먼저 둘러보기로 했다. 먼지 자욱한 주차장에 차를 대고, 바람에 날아온 잔모래를 피해 고개를 푹 숙인 채 입구까지 걸어가는 것은 여행 첫날 맛보는 즐거움치고 썩 유쾌한 것이 아니었다.

그러나 103층에 있는 전망대에 들어선 순간 러클리 씨 가족은 '헉!' 하고 숨이 막혔다. 맑은 햇살 아래 대도시의 광대한 조망이 눈앞에 펼쳐졌기 때문이다. 그들은 넋을 잃은 사람처럼 대도시의 장관을 한동안 말없이 바라보았다. 그리고 그렇게 사방을 둘러본 뒤에 망원경으로 달려가 큰 그림에서 작은 그림으로 서서히 시야를 옮겼다. 그처럼 높은 곳에서 시내 곳곳을 둘러보아서 그런지, 그들은 특정 명소를 방문할 때에도 생전 처음 가본 곳이지만 그리 낯설지가 않았다. 그들은 시카고의 작은 그림들을 전체적인 그림에 연결할 수 있었다.

이와 동일한 원리가 성경읽기에도 그대로 적용된다. 성경의 어떤 책(창세기면 창세기, 마태복음이면 마태복음) 한 권을 깊이 파고들어 그 개별적인 내용을 분석하기 전에 그 책의 전체적인 그림을 먼저 살피는 것이 매우 유익하다는 말이다.

어떤 책의 전체적인 그림을 파악할 때는 속독이 도움이 된다. 당신이 읽고자 하는 성경 책을 베스트셀러 책을 읽는 것처럼 부지런히 읽어라. 그러면 나중에 정독을 하며 장 제목을 붙일 때 훨씬 더 많은 것을 얻을 수 있다.

속독하며 장 제목 붙이기

이처럼 성경의 특정한 책의 큰 그림을 파악하기 위해 속독할 때는 앉은자리에서 한 번에 읽는 것이 가장 좋다. 이것은 생각처럼 그리 어렵지 않다. 신구약 66권 절반 이상의 책들이 신문 두 면 분량밖에 되지 않기 때문이다. 분량이 많은 책들은 그 내용에 따라 앉은자리에서 한 번

에 읽을 수 있을 만큼의 단위로 나누어 읽으면 될 것이다. 성경 66권 각 권을 한 번에 읽기 적당한 분량으로 나누어 옆에 제시했으니 참고하기 바란다.

한 번 읽고 개요를 잡을 수 있다면 한 번만 읽어도 좋다. 그러나 대개의 경우 몇 번 더 읽는 것이 좋다. 하나님 말씀을 읽으면 읽을수록 새로운 것을 더 많이 깨닫게 되기 때문이다. 속독을 한다고 눈으로만 읽지 말고 그 책이 무엇을 말하는지 파악하면서 읽어라.

속독을 하면서도 주된 내용을 놓치지 않는 방법은 각 장에 제목을 붙이며 읽는 것이다. 물론 앞에서 설명한 '정독하며 장 제목 붙이기'와 여기서 말하는 '속독하며 장 제목 붙이기'는 성질이 좀 다르다. 앞에서 설명한 '장 제목 붙이기'는 성경에서 더 많은 것을 얻기 위한 주된 방법의 하나이고, 여기서 말하는 '장 제목 붙이기'는 성경에서 더 많은 것을 얻기 위한 또 다른 주된 방법의 준비 작업으로서 앞서 설명한 '네 가지(FOUR) 규칙'을 지키거나 이합체를 구성할 필요 없이 특정한 장의 전체적인 개요를 파악하는 데만 중점을 두는 방법이다.

아무튼 성경 각 장에 제목을 붙이는 작업은 당신의 성경공부 작업에 골격을 세우는 것과 같다. 성경공부에 깊이를 더해갈수록 이 골격에 살을 붙일 기회가 많아질 테니 이 기초공사를 튼튼하게 해놓기 바란다.

성경 각 권 나누어 읽기

창세기 1-11장, 12-25장, 26-36장, 37-50장
출애굽기 1-10장, 11-18장, 19-24장, 25-40장
레위기 1-10장, 11-17장, 18-27장
민수기 1-10장, 11-21장, 22-36장
신명기 1-11장, 12-16장, 17-26장, 27-34장
여호수아서 1-12장, 13-24장
사사기 1-9장, 10-21장
룻기 1-4장
사무엘상 1-8장, 9-15장, 16-31장
사무엘하 1-12장, 13-24장
열왕기상 1-11장, 12-22장
열왕기하 1-8장, 9-17장, 18-25장
역대상 1-9장, 10-20장, 21-29장
역대하 1-9장, 10-24장, 25-36장
에스라서 1-6장, 7-10장
느헤미야서 1-7장, 8-13장
에스더서 1-10장
욥기 1-14장, 15-21장, 22-31장, 32-42장
시편 1-41장, 42-72장, 73-89장, 90-106장, 107-150장
잠언 1-9장, 10-24장, 25-31장
전도서 1-12장
아가서 1-8장
이사야서 1-12장, 13-27장, 28-39장, 40-48장, 49-57장, 58-66장
예레미야서 1-10장, 11-24장, 25-33장, 34-45장, 46-52장
예레미야애가 1-5장
에스겔서 1-14장, 15-24장, 25-32장, 33-39장, 40-48장
다니엘서 1-7장, 8-12장
호세아서 1-8장, 9-14장
요엘서 1-3장
아모스서 1-9장
오바댜서 1장
요나서 1-4장
미가서 1-7장
나훔서 1-3장
하박국서 1-3장
스바냐서 1-3장
학개서 1,2장
스가랴서 1-8장, 9-14장
말라기서 1-4장
마태복음 1-11장, 12-15장, 16-28장
마가복음 1-8장, 9-16장
누가복음 1-8장, 9-18장, 19-24장
요한복음 1-12장, 13-21장
사도행전 1-7장, 8-12장, 13-21장, 22-28장
로마서 1-8장, 9-16장
고린도전서 1-10장, 11-16장
고린도후서 1-7장, 8-13장
갈라디아서 1-6장
에베소서 1-6장
빌립보서 1-4장
골로새서 1-4장
데살로니가전서 1-5장
데살로니가후서 1-3장
디모데전서 1-6장
디모데후서 1-4장
디도서 1-3장
빌레몬서 1장
히브리서 1-7장, 8-13장
야고보서 1-5장
베드로전서 1-5장
베드로후서 1-3장
요한일서 1-5장
요한이서 1장
요한삼서 1장
유다서 1장
요한계시록 1-5장, 6-9장, 10-18장, 19-22장

성경읽기에도 간단한 메모는 필수!

이런 식으로 읽고자 하는 책의 개요를 어느 정도 파악한 뒤에 성경읽기에 착수하라. 성경읽기에는 메모가 필수이다. 아마 당신은 "뭘 적으라는 거지?"라고 물을지도 모른다. 그러나 그런 부담은 안 가져도 된다. 단락의 핵심이나 장 전체의 느낌이나 장 제목 등을 성경의 여백이나 별도의 공책에 짧고 간략하게 기입하면 그만이기 때문이다. 성경을 공부하면 할수록 메모를 더 많이 하게 되지만, 때로는 형광펜을 사용하여 특정 구절이나 단어를 강조하는 것만으로도 큰 도움이 된다.

우리는 기도하거나 예배를 드리는 동안에도 메모할 수 있다. 하나님은 그런 것으로 우리를 결코 나무라지 않으신다. 그런데 많은 사람들은 그런 것이 '영적이지 못하다'라고 생각하는 것 같다. 성경공부와 성경읽기를 따로 떼어 이해하려는 사고방식은 바람직하지 못하다.

어떤 목회자의 아내가 남편이 설교하는 동안 몇 번이나 은밀한 키스를 날렸다고 한다. 목회자의 아내가 예배시간에 하는 행동치고 매우 점잖지 못한 행동처럼 보이지만, 실은 그녀의 키스(kiss)는 "여보, 간단명료하게 하세요!"(Keep It Simple, Sweetheart)라는 이합체 의미를 갖고 있었다.

이는 성경을 읽으며 메모하는 당신에게도 여간 좋은 충고가 아닐 수 없다.

어떤 사람들은 성경을 읽으며 핵심 단어나 어구에 색연필로 밑줄을 긋기도

하고, 또 어떤 사람들은 다음과 같이 형광펜을 사용하여 성경의 기본적인 주제들을 독특한 색으로 부각시키기도 한다.

- ☐ 빨간색 – 구속에 관한 구절이나 어구
- ☐ 파란색 – 천국에 관한 구절이나 어구
- ☐ 보라색 – 성부 하나님에 관한 구절이나 어구
- ☐ 주황색 – 예수님에 관한 구절이나 어구
- ☐ 노란색 – 성령님에 관한 구절이나 어구
- ☐ 갈색 – 심판에 관한 구절이나 어구
- ☐ 초록색 – 하나님이 우리에게 원하시는 것에 관한 구절이나 어구

당신 나름의 색을 정하여 이 밖의 다양한 주제들을 분류해도 좋을 것이다. 그리고 볼펜이나 형광펜을 고를 때에는 잉크가 종이에 스며들지 않는 종류를 선택하는 것이 좋다.

여러 상징과 문장부호를 활용하라

성경읽기에 효과적인 또 다른 방법은 성경책 여백에 상징 기호를 그려 넣는 것이다. 상징 기호를 그린다고 거창하게 생각할 필요도 없고, 그림에 소질이 없다고 걱정할 필요도 없다. 처음 시작하는 당신을 위해 몇 가지 상징 기호를 제시해보았다.

그림에 제시한 상징 기호들이 무엇을 나타내는지 위에서부터 차례대로 설명하면 다음과 같다.

- ☐ 삼각형 – 하나님
- ☐ 비둘기 – 성령님
- ☐ 책 – 성경
- ☐ 집 – 교회
- ☐ 십자가 – 그리스도 혹은 구원
- ☐ 갈고리 모양 – 사탄 혹은 죄
- ☐ 사람 얼굴 – 인간의 본성
- ☐ 나팔 – 예언

또한 당신은 간단한 문장부호만 사용해도 유익을 얻을 수 있다.

예를 들어, 의문점이 생기는 문장이나 단락 옆에는 '물음표'를 적고, 하나님께서 명령하시는 부분에는 '느낌표'를 찍고, 주목할 필요가 있는 부분에는 '콜론'을 찍고, 의미를 되새기고 싶은 부분에는 '따옴표'를 찍을 수 있다.

6명의 하인들?

어떤 책을 읽기 전에 무엇에 중점을 두고 읽을지 먼저 결정하라(무엇에 중점을 두어야 할지 도무지 감이 잡히지 않는가? 바로 뒤에서 설명할 테니 걱정하지 말라). 그리고 매번 읽을 때마다 중점에 변화를 주는 방법에도 다양성을 기하라.

이번 장에서 내가 제시하는 모든 방법을 한 번에 다 시도하려고 애쓰지 말라. 당신은 평생 성경의 어떤 책을 수십 번 읽을지도 모른다. 그때마다 다른 방법을 시도해도 좋다. 다만 지금은 처음 시작하는 시점인 만큼 당신에게 가장 잘 맞는 방법을 택하여 시작하기 바란다.

성경읽기를 통해 성경에서 더 많은 것을 얻기 위한 또 다른 방법을 소개하겠다. 다음에 영국 소설가 루디야드 키플링(Rudyard Kipling)의 시(詩)를 소개해놓았다. 이 시를 읽으면서 시의 주인공인 '나'를 섬기는 '6명의 하인들'을 주목하기 바란다.

어떤 사람은 한 단락을 읽으면서 한 번에 6가지 질문 모두에 답하려 하고, 또 어떤 사람은 한두 가지 질문을 염두에 두고 특정한 책을 처음부터 끝까지 다 읽은 다음에, 다시 다른 질문을 염두에 두고 그 책을 다시 읽는다.

질문이야말로 성경읽기에서 가장 가치 있는 과업이다. 질문이 많은 사람일수록 얻는 것이 많기 때문이다.

나에게는 정직한 하인 여섯이 있지.
내가 아는 모든 것은 그들이 가르쳐준 것이야.
그들의 이름은 '무엇', '어디서', '언제', '어떻게', '왜', '누가'이지.

나는 그들을 바다 건너 먼 나라에 보내지.
동쪽으로 멀리, 서쪽으로 멀리 보내.
그들이 나를 위해 일을 끝마치면 휴식을 허락하지.
오전 아홉 시부터 오후 다섯 시까지 휴식을 허락해.
그 시간은 내가 무척 바쁜 시간이니까.

그뿐 아니라 그들에게 아침도 주고 점심도 주고 차까지 대접해.
그들은 무척이나 배고픈 사람들이니까.
그러나 하인이 많을수록 다양한 생각을 가져오는 것 같아.

키 작은 어떤 여자를 알고 있어.
그녀는 하인이 무려 천만 명이나 되지.
그들은 휴식이라고는 전혀 몰라.
그녀는 눈을 뜨는 순간부터
자기 사무를 위해 그들을 먼 나라에 보내지.

1백만 명은 '어떻게'를 위해 일하고
2백만 명은 '어디서'를 위해 일하고
나머지 7백만 명은 '왜'를 위해 일하지.

1 누가

성경을 읽는 사람이 가장 먼저 던져야 할 질문은 '이 책의 주요 인물은 누구지?'라는 것이다. 지금부터 5분 정도 시간을 내서 요나서를 빨리 읽어보라. 그리고 요나서에 등장하는 주요 인물들을 기록하라. 이 책을 잠시 덮고 목록을 완성하라.

당신의 목록에는 요나, 선원들, 선장, 니느웨 백성 등이 들어 있을 것이다. 어쩌면 당신은 요나의 아버지 아밋대를 주요 인물 목록에 포함시켰을지도 모른다. 좋다. 하지만 아밋대가 요나서에서 주된 활동을 담당한 인물이 아니므로 나는 그 이름을 넣지 않겠다.

만일 당신이 주요 인물의 범위를 광범위하게 설정했다면, 하나님과 큰 물고기와 박 넝쿨을 씹어 먹은 벌레까지 목록에 포함시켰을 것이다. 요나서처럼 분량이 적은 책에서는 등장인물들의 이름을 목록으로 작성하는 것이 어렵지 않다. 그러나 창세기나 여호수아서나 열왕기나 누가복음처럼 분량이 많은 책들의 경우에는 주요 인물들을 추려내는 작업이 필요하다.

그 다음으로 던져야 하는 질문은 '이 책의 기자는 누구지?', '이 책에서 그 기자에 대해 무엇을 알 수 있지?'라는 것이다. 다시 요나서를 생각해보자. 책의 제목이 '요나서'인 만큼 요나가 이 책을 기록했을 것이다. 그 사실을 뒷받침하는 가장 큰 실마리는 요나서 2장에 1인칭으로 나오는 기도이다. 그 다음으로 우리가 요나서에서 요나에 대해 무엇을 알 수 있을까? 그가 선지자였다는 것, 요나 아버지의 이름, 그가

반항적인 기질을 갖고 있었지만 결국에는 하나님의 뜻에 순종했다는 것, 구약을 인용한 것으로 미루어 성경을 잘 알고 있었다는 것 등을 알 수 있다.

2 무엇을

다음으로 해야 할 것은 성경이 말하는 주제나 묘사하는 사건을 한 문장으로 진술하는 것이다. 나는 이것을 '요약 문장'이라 칭한다. 예를 들어, 요나서의 요약 문장은 다음과 같다.

"요나는 니느웨로 가서 말씀을 전하라는 부르심을 받고 도망치다가 결국 그곳에 가서 말씀을 전했고, 그 결과 그곳의 모든 백성이 구원받았다."

혹은 주요 사건들을 순서대로 나열하는 것도 좋은 방법이다. 어떤 사람은 요나서의 요약 문장을 이렇게 기록했다.

"하나님께서 부르심 – 요나가 도망침 – 폭풍이 일어남 – 선원들이 요나를 바다에 던짐 – 큰 물고기가 삼킴 – 물고기 배 속에서 기도함 – 물고기가 뱉어냄 – 말씀을 선포함 – 니느웨 백성이 회개함 – 하나님께서 그들을 살려주심 – 요나가 원망함 – 벌레가 박 넝쿨을 갉아 먹음 – 하나님께서 가르치심"

요약 문장은 이보다 더 간략해도 좋고 구체적이어도 상관없다.

다음으로 던져야 할 질문은 '이 책의 핵심 단어는 무엇이지?'라는 것이다. 요나서의 경우에는 하나님, 두려움, 기도 등이 핵심 단어가 될 수 있을 것이다. 아마 당신은 여기에 다른 단어들을 포함시키고 싶을 것이다. 요약 문장은 자신이 생각한 단어로 기록해도 좋지만, 핵심 단어는 성경에 나오는 단어를 그대로 사용하는 것이 좋다.

그 책에 가장 많이 나오는 단어가 핵심 단어가 되는 것은 아니다. 그런 식으로 핵심 단어를 뽑다가는 '그리고', '혹은', '그러나' 등의 단어를 열거하는 것으로 끝나버리게 될 것이다. 핵심 단어는 그 책에 반복하여 등장하되, 그 책의 주제 또는 주요 인물의 행위나 감정이 연상되도록 하는 단어들로 정하는 것이 바람직하다.

3 언제

그 책이 언제 기록됐는지 아는 것이 매우 중요하다. 우리는 요나서를 통해 그 시대에 대해 무엇을 알 수 있는가? 니느웨가 거대한 도시였다는 점, 그러나 악(惡)의 온상지였다는 점, 유대인들(요나도 유대인이었다)이 니느웨의 막강한 군사력에 위협을 느꼈다는 점 등을 알 수 있다.

그리고 이런 점들을 간략히 메모한 뒤에 성경사전이나 백과사전에서 '니느웨'와 '요나' 항목을 찾아보라. 그러면 당신은 그 거대 도시가 BC 612년에 멸망했다는 사실을 알 수 있을 것이고, 요나의 생애와 그가 살았던 시대에 대해 더 흥미로운 사실을 알 수 있을 것이다.

4 어디서

성경을 읽는 사람은 주요 사건이 어디에서 일어났는지 알아야 한다. 요나서의 경우에 주요 사건이 발생한 곳은 바다, 배, 물고기 배 속, 성읍 안팎 등이고 그 책에 구체적으로 언급된 지명은 니느웨, 욥바, 다시스이다.

우리는 고대 지명을 읽을 때 그것을 그냥 지나치는 경향이 있다. 그러나 성경이 하나님의 영감(靈感)으로 기록되었기 때문에 그 모든 내용이 중요하다고 믿는 사람이라면 성경에 있는 고대 지도를 들여다보며 지명을 일일이 찾아보거나 성경사전을 뒤적이며 해당 지명에 관한 설명을 자세히 읽는 자세를 가져야 할 것이다.

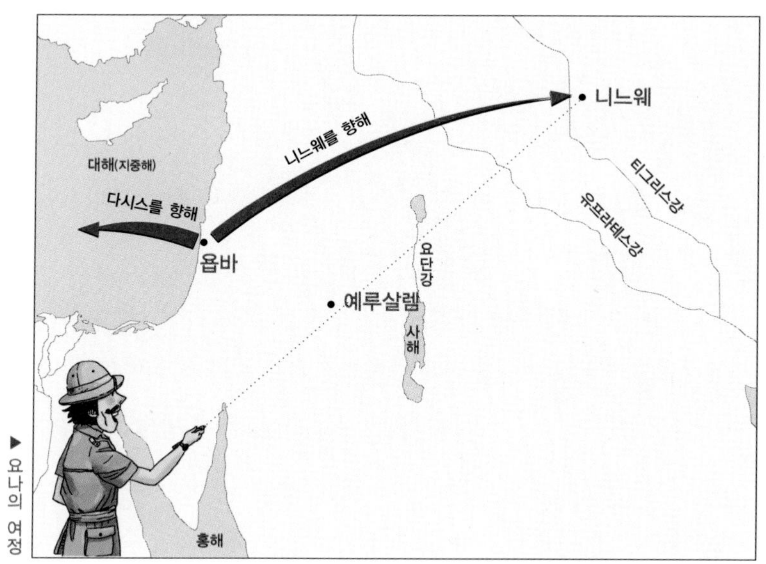

▶ 요나의 여정

5 왜

'이 책이 성경에 들어 있는 까닭이 무엇이지?', '이 책이 성경에 들어 있지 않다면 우리는 무엇을 놓치게 될까?'라는 질문은 우리에게 실로 크고 값진 보상을 준다. 요나서는 하나님께서 세상 모든 민족을 사랑하신다는 사실을 명백히 밝힌다. 하나님께서 유대 민족만 편애하시는 것이 아니다. 또한 요나서는 사랑의 아버지이신 하나님께서 비뚤어진 자녀를 어떻게 교훈하시는지 보여준다.

요나서가 없었다면 예수님이 서기관과 바리새인들에게 하신 말씀(마 12:38-41)이 지금처럼 그렇게 큰 의미로 우리에게 다가오지는 않았을 것이다. 요나서가 그 말씀의 배경이 되고 있기 때문이다.

6 어떻게

우리는 다음 질문을 스스로에게 항상 던져야 한다.

'이 책의 메시지를 어떻게 적용해야 더 나은 그리스도인으로서 성장할 수 있을까?'

우리가 요나서에서 배울 수 있는 한 가지 교훈은, 하나님께서 우리에게 무엇을 하라고 명령하실 때 즉각 순종하는 것이 옳으며, 혹 즉각 순종하지 않았다면 재차 명령하실 때 순종하는 것이 세 번째로 명령하실 때까지 미루는 것보다 훨씬 더 낫다는 점이다.

하나님께서는 우리에게 두 번, 세 번 그리고 계속 기회를 주신다. 이처럼 하나님께서 크신 자비와 오래 참으심으로 기회를 주실 때 순종하는 것이 자녀들의 합당한 태도이다. 기회를 주시는 하나님께 마땅히 감사의 찬양과 기도를 드리지 않을 수 없다.

하나님께서는 우리의 목덜미를 잡아끌어 억지로 순종하도록 하지 않으신다. 대신 순종할 수 있게 격려하신다. 하나님께서는 요나를 강제로 니느웨로 끌고 가지 않으셨다. 대신 사흘 밤낮을 물고기 배 속에 갇혀 있게 하여 요나 스스로 자신의 길에 대해 재고(再考)하게 하셨고, 마침내 옳은 결정을 내리게 인도하셨다.

우리가 하나님의 자녀라면 하나님의 뜻에 순종하는 열매를 맺어야 마땅하다. 어떤 사람은 즉각 순종하고, 또 어떤 사람은 더디 순종하지만 어쨌든 우리는 하나님께서 격려하고 인도하실 때 순종의 열매를 맺어야 마땅하다.

의문점이 많을수록 성경읽기가 풍성해진다

다음 '6명의 하인들과 함께하는 성경읽기 표'를 참고하라. 이 표는 성경을 읽으면서 앞의 기본적인 6가지 질문에 대한 답을 기록하기 위한 것이다. 이 표를 당신만의 스타일로 다시 작성하거나 복사하여 유용하게 사용하기 바란다.

성경을 읽으면서 떠오르는 의문점을 그때그때 기록하는 것도 매우 좋은 습관이다. 여기에는 생소한 인물, 당대의 풍습, 모르는 낱말 등과 같은 사실적인 정보에 관련된 질문도 있을 것이고, 구약의 제비뽑기 관습을 오늘날의 의사 결정 과정에 어떻게 적용할 것인가 하는 질문도 있을 것이다. 당신은 생각나는 의문점을 모두 기록했다가 자료를 참고하여 그 답을 찾아가는 과정에서 실로 값진 보화를 얻게 될 것이다.

실전용

6명의 하인들과 함께하는

성경읽기 표

누가	WHO?
	주요 인물
	성경 기자

무엇을	WHAT?
	요약 문장
	주요 사건이나 교훈

언제	WHEN?
	역사적 배경
	핵심 단어

성경 본문 ______

어디서	주요 장소 지 명 WHERE?
왜	이 책이 성경에 포함된 까닭이 무엇일까? WHY?
어떻게	이 책의 메시지를 어떻게 적용해야 할까? HOW?

04

공부 내비게이션

장거리 운전에는 각종 운전 장비의 철저한 점검이 필요하다

성경을 직접 공부하기

성경의 각 장과 단락을 더 깊이 파고들기

하나님의 말씀을 더욱 정확히 이해하기 위한 여러 가지 도구의 활용

깨달음을 기록하고 체계화하는 성경공부

집 근처에 고여 있는 물을 빼기 위해 배수로를 파는 작업은 정말 힘들다. 하루 종일 삽과 곡괭이를 들고 땅을 파는 일은 말 그대로 고역이다. 더욱이 몇 개월이 지난 뒤 도랑에 흙이 가득 찼을 때, 삽과 곡괭이를 들고 또다시 도랑을 팔 것을 생각하면 지레 힘이 빠진다.

나는 그렇게 일 년에 몇 번씩 도랑을 파는 고역을 겪은 뒤에 근본적인 대책이 필요하다는 결론에 도달했다. 수고와 비용이 들었지만, 도랑에 시멘트 포장을 하고 흙이 들어가지 않도록 덮개를 덮어 배수 문제를 영구히 해결했다.

성경공부에 열심을 보이는 사람들은 많지만 그 결실을 보는 사람들은 그리 많은 것 같지 않다. 내가 도랑을 파고 또 팠던 것처럼 많은 사람들이 동일한 작업을 되풀이하면서 평생을 보낸다. 주님을 믿으며 살아온 시간이 5년이라고 해서 영적 나이가 자동적으로 다섯 살이 되는 것은 아니다. 반대로 주님 안에서 살아온 시간이 고작 한 달이라고 해도 그 기간 동안에 비약적인 영적 성장을 이룰 수 있다. 대부분의 그리스도인들이 똑같은 기초를 닦고 또 닦으면서 시간을 보내고 있는 것이 그저 안타깝기만 하다.

따라서 우리는 다소 시간이 걸리더라도, 말씀에서 추수한 것을 잘 보존하기 위해 방대한 자료를 체계화하는 작업을 해야 한다. 우리는 이런 작업을 통해 값진 보상을 얻을 수 있다. 지금까지 거둔 것을 체계적으로 정리해놓으면 앞으로의 성경공부가 훨씬 수월해질 것이다.

나만의 독창적인 성경공부 표 만들기

앞으로의 성경공부를 위해 지금까지 거둔 것을 체계화하는 방법 가운데 내가 가장 즐겨 사용하는 방법은 독창적인 '성경공부 표'를 만드는 것이다. 우선 108,109쪽에 샘플로 제시한 '성경을 한눈에 보는 성경공부 표'를 살펴보기 바란다.

이 표를 공책에 직접 그려도 좋고 컴퓨터 문서로 작성하여 출력해도 좋지만, 나는 당신에게 직접 그리는 방법을 추천하고 싶다. 왜냐하면 표를 그리는 작업 자체가 성경공부를 위한 올바른 분위기를 조성하는 데 더없이 좋은 효과를 제공

하기 때문이다. 표의 크기는 당신의 필체나 기호에 따라 크게 만들어도 좋고 작게 만들어도 좋다.

이 표만 보면 '이런 게 나에게 어떤 영적 유익을 준다는 거지?'라는 의심이 들지 모른다. 하지만 이것은 우리 신체의 뼈와 같다. 뼈는 보기에는 그다지 아름답지 않지만 반드시 필요하다. 근육도 달라붙을 뼈가 없으면 무용지물이 되어버린다.

우리가 말씀을 읽으며 영적으로 깨달은 것을 이 표에 기록하는 것은 마치 앙상한 뼈에 살을 붙여 영적으로 성장하는 유익을 얻는 것과 같다. 그리고 일단 이런 표를 그려놓고 나면, 우리는 이 표를 통해 자극을 받고 고무되어 '이 책에서 내가 깨달은 것은 무엇이지?'라는 질문을 자꾸 하게 되고 그렇게 깨달은 것을 기록하게 된다.

이렇게 표를 만들어 빈칸에 내용을 채우다보면 당신의 성경 지식이 몰라보게 증진될 것이다. 내 경험에 비추어볼 때, 이런 방법보다 성경에 대해 더 잘 알 수 있는 방법은 없다. '성경공부 표'는 특정한 책(창세기면 창세기, 마태복음이면 마태복음)의 개요를 보여줄 뿐 아니라 그 책의 각 부분들이 서로 어떻게 연결되어 있는지 밝혀준다.

'성경공부 표' 만들기는 전혀 어렵지 않다. 일단 성경 각 장에 독창적인 장 제목을 붙일 줄만 알면 신구약 성경의 내용을 명료하게 그려낼 준비를 끝낸 것이다.

다음에 '에베소서를 한눈에 보는 성경공부 표'를 참고로 제시했다. 표의 내용을 살펴보기 전에 이 표가 하루아침에 완성된 것이 아니라는

예시용

에베소서를 한눈에 보는

성경공부 표

장 제목	1 그리스도 안에서 택함을 받은 사람들	2 은혜를 통한 거룩한 전	3 한 몸에 대한 계시
화제 1 성부	그리스도 안에서 우리를 택하심	우리를 그리스도와 함께 살리심	한 몸의 오묘함을 계시하심
화제 2 성자	친히 피를 흘려 우리를 구속하심	유대인들과 이방인들을 하나님과 화해시킴	우리가 아버지께로 나아갈 수 있게 하심
화제 3 성령	값을 주고 사신 소유로서 우리에게 인을 치심	거룩한 전으로서의 교회 안에 살고 계심	우리의 내적 사람을 강하게 하심
화제 4 기도	우리를 위한 바울의 기도 ("저희로 하여금 저희를 향한 하나님의 능력을 깨닫게 하소서")		우리를 위한 바울의 기도 ("저들의 내적 사람을 강하게 하소서")
화제 5 장소	천국(에베소)	교회(천국)	교회
적용 1	바울이 나를 위해 기도한 그대로 기도하자!	내 몸을 성령의 거룩한 전으로 여기자.	바울이 나를 위해 기도한 그대로 기도하자.
적용 2	바울이 나를 위해 기도한 것처럼 다른 신자들을 위해 기도하자!	나를 위한 하나님의 계획을 깨닫고 하나님의 뜻에 순복하자!	성령충만을 입자.
적용 3	실제 생활을 통해 하나님의 영광을 나타내자.	모든 사람과 더불어 화평하게 지내자.	내 생각으로 하나님의 능력을 제한하지 말자.

깨달은 점

느낀 점 : 전반부는 거의가 교리적 가르침이고 후반부는 실제적 지침이다.
바울은 이 편지를 읽는 사람들이 진리의 말씀을 깨달아 변화되기를 소망하고 있다. 명령이 많다.

반복되는 어구나 교훈 : 삼위일체(성부, 성자, 성령)의 역사. 기도. 교회. 강하게 함.
하나님의 영광을 찬미함. 비밀. 사랑. 한 몸. 그리스도 안에서. 행하라. 화평.

4 성숙함에 이르기 위한 의도적성장	5 본향으로 향하는 영적 발걸음	6 하나님의 전신갑주
무엇보다 먼저, 모든 것을 통해, 모든 것안에서	하나님의 진노가 불순종의 자녀들에게 임함	마귀와 대적할 전신갑주를 공급하심
사랑으로 지체들의 덕을 세우는 머리	사랑으로 자기 자신을 우리에게주심	주께 하듯 상전을 섬김
그리스도의 몸에 통일성을 부여하심	우리에게 충만히 임하여 영적 열매를 맺게 하심	하나님의 말씀인 검을 주심
		우리의 기도 ("모든 성도를 위해 기도하게 하소서")
교회	가정	가정(천국)
하나님말씀을 통해 그리스도안에서 성장하자.	어려운 순간에도 감사하는 마음을 잊지 말자.	하나님의 전신갑주를 입고 사탄과 싸우자.
영적 은사를 발견하여 발전시키자.	모든 일을 사랑으로 행하여 그리스도를 닮아가자.	부모님을 공경하자.
합당하지 못한말이나 행동으로 성령을 근심하게 하지말자.	범사에 성령의 지배를 받자.	모든 일을 그리스도께 하듯이 하자!

시작과 끝 비교하기

무엇을 믿을 것인가 / 어떻게 행할 것인가.

성령 / 사탄 유대인 / 이방인.

옛 사람 / 그리스도안에 있는 새 사람.

자연 상태의 이방인 / 그리스도 안에 있는 이방인.

실전용

성경을 한눈에 보는

성경공부 표

장 제목			
화제 1			
화제 2			
화제 3			
화제 4			
화제 5			
적용 1			
적용 2			
적용 3			

깨달은 점

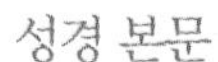

시작과 끝 비교하기

점을 염두에 두기 바란다. 매일매일 성경을 읽으며 '성경공부표'의 빈칸을 채우다보면 이것이 얼마나 중요한 작업인지 새삼 느낄 수 있을 것이다. 왜냐하면 날이 갈수록 성경 말씀이 깨달아지는 것을 우리 자신이 피부로 느끼기 때문이다.

우리의 '성경공부 표'는 장 제목에 기초하고 있다. 어떤 책의 장 제목들은 우리가 그 책에서 얻은 깨달음을 걸 수 있는 옷걸이 기능을 한다.

빌레몬서나 유다서처럼 한 장으로 이루어진 책들은 장 제목이 들어갈 가로줄에 단락의 제목들을 기입해도 좋다. 그렇다면 창세기처럼 장수(章數)가 많은 책들의 표는 어떻게 만들어야 할까? 물론 그런 경우에는 앞 장(87쪽 '성경 각 권 나누어 읽기' 참조)에서 제안했던 것처럼 성경의 장들을 일정한 구획으로 나누는 작업이 필요하다.

예를 들어, 당신은 창조와 타락과 홍수 심판과 바벨탑 사건을 주요 내용으로 하는 창세기 1-11장을 첫째 구획, 아브라함의 등장으로 시작하여 죽음으로 끝나는 12-25장을 둘째 구획, 26-36장을 셋째 구획, 37-50장을 넷째 구획으로 편성하여 창세기 성경공부 표를 작성할 수 있다. 물론 이 구획은 변경 불가능한 것이 아니다. 특정 구획의 분량이 너무 많다고 느껴지는 경우에는 나름대로 적절하게 나누어 표를 작성해도 좋다.

화제 정하기

108,109쪽 '성경공부 표'를 보라. 도표의 상단 가로줄 빈칸에 장 제목들을 기입한 뒤에는 좌측 세로줄에 있는 빈칸을 채워야 한다. 이 상자들의 이름이 '화제 1, 2, 3…'으로 표시되어 있다는 점을 주목하라. 당신이 읽은 성경 책에 빈번하게 등장하는 화제가 무엇인지 곰곰이 생각해보라. 화제로 정할 단어나 개념은 당신이 읽은 책의 모든 장에 꼭 등장하지 않아도 되지만 자주 등장하는 것이어야 한다.

요나서를 예로 들어보자(118,119쪽 '요나서를 한눈에 보는 성경공부 표' 참조). 요나서에 반복해서 등장하는 화제 가운데 가장 먼저 떠오르는 것이 무엇인가? 생각나지 않는가? 그래도 괜찮다. 반복해서 등장하는 화제가 무엇인지 찾으면서 다시 읽으면 되기 때문이다.

요나서에는 이적들이 많이 나오므로 당신의 성경공부 표 '화제 1' 상자에 '이적'이라고 기입해보자. 그리고 속독하며 각 장에 기록된 이적들을 뽑아보자. 아마 당신은 '화제 1' 칸의 우측, 장 제목 밑에 있는

네 개의 칸에 각각 다음과 같은 내용을 기입했을 것이다.

- □ 1장 하나님의 말씀이 요나에게 임함. 폭풍이 일어남. 요나가 제비 뽑힘. 선원들의 회개. 큰 물고기가 요나를 삼킴.
- □ 2장 요나가 물고기 배 속에서도 의식을 잃지 않고 기도함. 물고기가 요나를 육지에 뱉어냄.
- □ 3장 이방인인 니느웨 백성이 회개하고 하나님을 믿음. 하나님께서 심판을 거두심.
- □ 4장 박 넝쿨, 동풍(東風), 벌레.

요나서에 반복적으로 등장하는 또 다른 화제는 '기도'일 것이다. 그렇다면 '화제 2'에 '기도'라고 기입한 다음, 기도가 들어 있는 장들을 읽으면서 그 내용을 해당 장(章) 아래 칸에 간략히 요약하여 적도록 하라.

요나서에서 찾을 수 있는 다른 화제들로는 요나의 태도, 하나님의 자비, 회개, 사람들, 장소, 하나님의 징계 등이 있을 것이다. 앞에 제시한 '에베소서를 한눈에 보는 성경공부 표'에는 화제가 5가지로 정해져 있지만, 당신이 읽고 있는 성경 각 책의 내용에 따라 칸을 더 늘리거나 줄여도 좋다.

적용할 점

이제 '적용' 칸을 채울 차례이다. '성경공부 표'에서 확인할 수 있는 것처럼 '적용' 칸은 각 장 밑에 3개 정도 마련하는 것이 좋다. 하나님 말씀을 읽다가 개인적으로 적용할 것이 생각나거든 즉시 성경공부 표에 그 내용을 기입하라. 요나서의 이적에 대해 생각할 때 번뜩 떠오르는 생활의 교훈은 무엇인가?

아마 어떤 사람은 요나서 1장에 해당하는 적용 칸에 "하나님께서는 나의 어리석은 행동도 놀라운 축복으로 바꾸실 수 있다"라고 기입할 것이다(선원들은 요나를 통해 하나님께서 자신들의 배에 승선하고 계시다는 것을 알고 회개했다. 그러나 요나는 그것을 깨닫지 못한 채 여전히 반항의 길을 걸어갔다. 결국 요나는 자신만의 훈련소인 물고기 배 속으로 가게 되었다).

말씀을 읽고 아는 것도 중요하지만, 알고 깨달은 것을 생활에 적용하는 것이 훨씬 더 중요하다. 이 점을 염두에 두고 '적용' 칸을 꼼꼼하게 채워나가기 바란다.

깨달은 점

성경을 읽다가 어떤 개념이 장(章)마다 반복해서 등장한다든가 혹 책 전체를 통해 두드러지게 나타나면 '깨달은 점' 칸에 기입하도록 하라. 말씀을 읽다보면 도표의 양식에 깔끔하게 맞아 떨어지지 않는 정보도 있을 수 있다. 특히 말씀을 읽으며 느낀 점이나 깨달은 점은 이 도표의 다른 칸에 기입하기 곤란하다. 요나서의 이적을 통해 얻을 수 있는 그런 깨달음을 예로 들자면 다음과 같을 것이다.

"하나님께서는 자녀들의 순종을 독려하는 데 필요한 것이라면 어떤 이적이든 행하실 것이다. 하나님께서는 자녀들을 지극히 사랑하셔서 어느 누구라도 불순종의 길에 들어서기를 원하지 않으신다!"

요나서에서 얻을 수 있는 '깨달은 점'의 예를 하나 더 들면 "때로는 자연과 믿지 않는 사람들이 신자들보다 하나님께 더 잘 순종하는 것 같다"라고 할 수도 있겠다. 하나님께서 뜻하신 바를 이루시기 위해 폭풍이나 바람이나 벌레나 식물은 물론 선원들이나 선장이나 니느웨의 왕을 들어 사용하신다는 점을 주목하면 매우 흥미롭다. 그중에서 요나는 이런 하나님의 통제에서 벗어나려는 유일한 사람처럼 보인다. 그는 하나님이 어떤 분이신지 더 잘 알아야 했다.

요즈음 믿는 사람들 가운데는 하나님께서 자기에게 무엇을 원하고 계신지 잘 알면서도 막상 행동할 때는 자신의 생각과 계획을 앞세우는 이들이 많다. 이는 우리 모두가 숙연한 자세로 깊이 반성해야 할 일이다.

화제 찾는 방법

'성경공부 표'를 채우는 과정에서 가장 어려운 작업이 아마 화제를 찾는 일일 것이다. 사실 화제를 찾는 것은 그렇게 어렵지 않다. 관심을 갖고 집중해서 성경을 읽다보면 저절로 화제가 발견되기 때문이다. 그러나 '화제 찾기' 작업을 원활하게 하기 위한 도움을 원한다면 다음 질문들을 숙고하기 바란다.

- ☐ 이 책의 전체적인 주제가 무엇인가?
- ☐ 주요 등장인물은 누구인가?
- ☐ 어떤 사건들이 벌어지고 있는가?
- ☐ 그 사건들이 언제 벌어졌는가?
- ☐ 그 사건들이 어디에서 벌어지고 있는가?
- ☐ 전체적인 분위기는 어떤가?
- ☐ 이 책의 등장인물들이 그런 행동을 한 까닭이 무엇인가?
- ☐ 이 책에서 무엇을 배울 수 있을까?
- ☐ 이 말씀을 내 삶에 어떻게 적용해야 할까?

이런 질문들에 대답하다보면 '성경공부 표'의 화제 칸에 넣을 말을 발견할 수 있을 것이다. 사실 이런 질문들은 '누가, 언제, 어디서, 무엇을, 어떻게, 왜'의 육하원칙을 조금 변형시킨 것이다.

다음에 성경의 주요 가르침을 10가지로 요약하여 나열했다. 신구약

성경의 각 권이 다음에 제시한 10가지 항목을 모두 포함하고 있는 것은 아니지만, 성경공부가 어느 정도 익숙해진 뒤에 하나의 모험적 시도로서 다음 10가지 화제에 중점을 두고 성경 각 권을 읽어나가며 '성경공부 표'를 만들어보는 것도 매우 흥미로울 것이다.

- ☐ 하나님 아버지
- ☐ 예수 그리스도
- ☐ 성령
- ☐ 구원
- ☐ 죄
- ☐ 성경
- ☐ 그리스도인의 삶
- ☐ 교회
- ☐ 예언
- ☐ 천사

시작과 끝 비교하기

'성경공부 표' 맨 마지막 칸은 시작과 끝을 비교하는 곳이다. 당신이 성경 본문을 읽고 나서 발견한 차이점은 무엇인가? 요나서 1장과 4장은 어떻게 다른가? 1장에서 요나는 배 밑창에 있었지만, 4장에서는 박 넝쿨 아래 앉아 있었다.

이처럼 요나의 위치가 바뀌어 있다. 요나서가 시작될 때는 그가 이스라엘에 있었지만, 끝날 때는 니느웨에 있기 때문이다. 또 다른 예로 요나서 초반부에서 니느웨는 멸망을 당할 운명에 처해 있었지만, 후반부에서는 하나님께서 자비를 베푸신 덕에 멸망을 면했다. 이런 식으로 당신이 읽고 있는 책의 시작과 끝이 어떻게 다른지 그 내용을 기록하면 되는 것이다.

요나서에서 찾을 수 있는 또 다른 대비 사항들은 무엇이 있을까?

처음에 선원들은 이방 우상을 섬기다가 나중에 참 하나님을 섬겼다. 또한 요나는 하나님께 불순종하여 도망치다가 결국 순종하는 마음으로 니느웨에 가서 말씀을 선포했다.

이런 작업을 거쳐 일단 '성경공부 표'를 완성하면 당신의 성경 지식이 몰라보게 향상될 것이다. 그리고 나중에 그 책을 다시 공부하기 위해 이전에 작성했던 '성경공부 표'를 참조하면, 그것이 튼튼한 토대가 되어 성경공부의 깊이와 깨달음을 한층 더해줄 것이다. '요나서를 한눈에 보는 성경공부 표'를 내 나름대로 완성하여 다음에 제시했으니 참고하기 바란다.

깨달은 말씀대로 살아라!

'성경공부 표'는 며칠(몇 개월이나 몇 년은 아니더라도) 동안 성경을 읽으면서 깨달은 것을 기록하기 위한 편리한 수단이다. 따라서 하루 또는 일주일 안에 표의 칸을 다 채우지 못했다고 낙심할 것은 없다. 우리

예시용

요나서를 한눈에 보는

성경공부 표

장 제목	1 하나님으로부터 도망친 요나	2 물고기 배 속에서 회개한 요나
화제 1 이적	하나님의 말씀, 폭풍, 제비뽑기, 선원들의 회개, 큰 물고기	물고기 배 속에서 살아남, 회개함, 물고기가 요나를 육지에 뱉음
화제 2 기도	이방 우상에게 기도하던 선원들이 회개하고 하나님께 기도함	물고기 배 속에서 살아난 요나가 감사 기도를 드림, 하나님의 뜻에 순종하기로 약속함
화제 3 요나의 태도	불순종하면서 두려워함	슬퍼하며 뉘우침
적용 1	하나님께서는 나의 어리석은 행동도 축복으로 바꾸실 수 있다.	하나님께서는 순종을 강요하지 않으시지만 강력히 권고하시므로 처음에 순종하는 것이 바람직하다.
적용 2	바울이 나를 위해 기도한 것처럼 다른 신자들을 위해 기도하자.	나를 위한 하나님의 계획을 깨닫고 하나님의 뜻에 순복하자.

깨달은 점

1. 하나님께서는 자녀들의 순종을 독려하는 데 필요한 것이라면 어떤 이적이든 행하신다.
2. 때로는 자연과 믿지 않는 사람들이 신자들보다 하나님께 더 잘 순종하는 것 같다.
3. 우리는 요나서를 통해 하나님께서 세상 모든 사람을 지극히 사랑하신다는 사실을 알 수 있다.

3 니느웨에서 말씀을 선포한 요나	4 도성 밖에서 원망하는 요나
이방 민족인 니느웨가 회개함, 하나님께서 심판의 손을 거두심	박 넝쿨이 빠르게 자람, 바람, 벌레, 박 넝쿨이 금세 시듦
니느웨가 회개함, 하나님의 자비를 구함	요나가 하나님께 목숨을 거두어달라고 청함
악을 고발함	낙심함
과거에 실수를 했더라도 회개하면 하나님을 위한 놀라운 일을 감당할 수 있다.	하나님께서는 오래 참으시며 나의 잘못된 태도를 고쳐주신다.
어떤 사람을 전도할 때 희망을 저버려서는 안 된다.	성도들과 상담을 할 때 하나님께서 그러셨던 것처럼 지혜로운 질문을 해야 한다.

시작과 끝 비교하기

이스라엘에 있는 요나 / 니느웨에 있는 요나

멸망당해 마땅한 니느웨 / 하나님의 자비로 멸망을 모면한 니느웨

이방신을 섬기는 선원들 / 참 하나님을 섬기게 된 선원들

니느웨로 가기 싫어 도망치는 요나 / 니느웨에 가서 말씀을 전하는 요나

하나님께 순종하지 않는 요나 / 하나님께 순종하는 요나

가 말씀을 읽고 공부하는 궁극적인 목적이 무엇인가? 영적으로 성장하기 위해서가 아닌가? 성장하는 데는 시간이 걸리는 법이니 그 사실을 명심하기 바란다.

만일 당신이 환하게 웃으면서 "오늘 정말 성경공부를 많이 했어요. 로마서 성경공부 표를 오늘 하루에 다 완성했답니다!"라고 말한다면, 나는 한편으로 당신의 그 열의와 속도에 찬사를 보내겠지만 다른 한편으로는 그렇게 말씀을 읽는 동안 하나님께서 당신에게 과연 무슨 말씀을 하셨는지 궁금해 할 것이다. 로마서 성경공부 표를 하루 만에 완성했다고? 그렇다면 그 과정에서 하나님에 관한 새로운 진리를 얼마나 깨달았는가? 당신 자신에 관해서는? 하나님께서 당신에게 무엇을 바라고 계신지 깨달았는가? 하루 만에 로마서를 다 '해치운' 뒤에 당신 생각이나 행동에 어떤 변화가 일어났는가?

하나님께서 우리에게 말씀을 주시는 까닭이 무엇일까? 하나님의 귀한 말씀을 그저 표에 옮기라고? 호기심을 충족시키라고? 결코 아니다. 말씀대로 살라고 주시는 것이다. 그러므로 우리는 깨달은 말씀을 실생활에 적용할 수 있게 도와달라고 하나님께 항상 기도해야 한다. '성경공부 표'를 만드는 작업은 '적용'을 위한 보조 수단일 뿐이다. 이 사실을 명심하라!

삶으로 실천하는 원칙을 찾는 성경공부

성경을 읽거나 공부하고자 할 때 가장 먼저 결정해야 할 사항은 한 번에 얼마만큼의 자료를 다룰 것인가 하는 문제이다. 어떤 단위로 성경을 읽거나 공부할 것인가? 우리는 책 전체, 장, 단락, 문장, 단어의 5가지 항목에서 선택할 수 있다.

퇴근 이후에 시간을 쪼개 성경을 읽는 직장인의 경우를 가정해보자. 대부분의 사람들은 한 번 앉은자리에서 한 장 정도의 분량을 읽겠다고 (여기서의 '읽기'란 눈으로 대강 훑는 것이 절대 아니다!) 계획할 것이다. 그리고 선택한 장이나 그 장의 단락을 통해 더 많은 것들을 얻으려면 어떻게 할 것인지 고려한 다음, 그 장의 문장이나 단어들을 세밀하게 연구하여 최대한 많은 것을 얻기 위한 방법의 윤곽을 그려볼 것이다.

자기가 읽고자 하는 책의 주제를 파악한 뒤에는 다시 처음으로 돌아와서 장 단위로 학습할 것인지 아니면 단락 단위로 할 것인지 결정해야 한다. 내가 즐겨 사용하는 방법은, 어떤 책이 3장 이하로 구성되어 있으면 단락 단위로 파헤치고 그 이상으로 구성되어 있으면 장 단위로 읽으면서 속에 감추어진 보화를 캐내는 것이다.

현재 시중에는 여러 종류의 성경책이 보급되어 있는데, '장'(章)은 숫자를 이용하여 일괄적으로 표시되어 있고 '단락'은 다양한 방법으로 표시되어 있다(영어성경의 경우에는 판본이 워낙 많아 단락 표시가 다양하게 되어 있지만, 개역한글성경은 통일적으로 구절 초두에 'ㅇ' 기호를 사용하여 단락을 구분하고 있다 - 역자 주).

한 장의 내용이 너무 길어서 핵심을 파악하기 어려운 경우, 각 단락의 핵심을 먼저 찾은 다음에 각 부분들을 서로 엮어 큰 덩어리를 만들어나가는 방법을 사용하면 될 것이다.

장이나 단락을 읽을 때 '장 제목이나 단락 제목', '등장인물', '지명이나 장소'에 유념하면서 읽으면 더 큰 유익을 얻을 수 있다.

장 제목이나 단락 제목은 앞서 설명한 성경 각 책의 장 제목을 붙이는 작업과 다르지 않다. 자신이 읽고 있는 장이나 단락의 내용 전개에서 핵심적인 역할을 하는 인물이 누구인지 살피면서 읽어라. 예를 들어, 요나서 1장의 경우에는 하나님, 요나, 선장, 선원들, 큰 물고기 등이 중요하다. 또한 사건의 배경이 어디인지 유의해서 읽어야 한다. 요나서의 경우에는 니느웨, 욥바, 다시스, 바다, 배 또는 배 밑창, 큰 물고기 배 속 등이다(134쪽 참조).

물론 성경의 모든 장이나 단락이 이런 정보들을 제공하는 것은 아니다. 성경의 장이나 단락 가운데는 사람 이름이나 지명에 대한 언급이 없는 것들도 많다.

사건인가? 가르침인가?

성경의 내용 가운데는 사건 전개나 등장인물의 행위가 주를 이루는 부분이 있고, 또 가르침이나 의견 진술이 주를 이루는 부분이 있다. 구약의 욥기, 시편, 잠언, 신약의 서신서(로마서에서 유다서까지)가 후자에 해당하고, 그 밖에 나머지 책들이 전자에 해당한다고 볼 수 있다.

그러므로 단락이나 장을 읽을 때 그 부분에서 일어나는 사건이나 혹 그 부분이 전하는 가르침을 요약하여 기록하면 성경을 이해하는 데 큰 도움이 된다.

예를 들어, 요나서 1장은 다음 5가지 사건으로 구성되어 있다.

- ☐ 하나님께서 요나를 불러 니느웨에 가서 말씀을 전하라고 명하심
- ☐ 요나가 니느웨로 가기 싫어서 배를 타고 도망침
- ☐ 하나님께서 맹렬한 폭풍을 일으키심
- ☐ 선원들이 요나를 배 밖으로 던짐
- ☐ 큰 물고기가 요나를 삼킴

분위기 파악하기

당신이 읽고 있는 책에 등장하는 주요 인물들이나 성경 기자의 심적 상태가 어떤지 살피는 것도 성경공부에 매우 유익하다. 요나서 1장의 경우, 등장인물들의 심적 상태를 가장 훌륭하게 요약하는 단어는 '두

려움'일 것이다. 요나는 니느웨로 가기를 두려워했고, 선원들은 거센 폭풍을 두려워했다. 요나는 자기가 '하나님을 경외(敬畏)하는 자'라고 고백했고, 선원들은 요나에게 일어나는 일을 보면서 참 하나님을 두려워하게 되었다.

요절 뽑기

당신이 읽고 있는 부분의 개요를 정리해주는 성경구절 하나를 뽑아라. 나는 요나서 1장의 요절을 다음 구절로 정했다.

"그러나 요나가 여호와의 낯을 피하려고 일어나 다시스로 도망하려 하여 욥바로 내려갔더니 마침 다시스로 가는 배를 만난지라 여호와의 낯을 피하여 함께 다시스로 가려고 선가를 주고 배에 올랐더라"(욘 1:3).

요절은 당신이 읽고 있는 단락이나 장의 내용과 분량에 따라 장별로 뽑아도 좋고 단락별로 뽑아도 좋다.

개요 단어 선정하기와 유사점 찾기

요절을 선정하는 작업과 마찬가지로 당신이 읽고 있는 단락이나 장의 개요를 설명하는 단어를 뽑는 것도 매우 유익하다. 개요 단어는 한 개 또는 그 이상이어도 좋다. 나는 요나서 1장의 개요 단어를 '도망'이라 정했다. 요나서 1장에 '도망'이라는 단어가 딱 한 번 나오는데,

나는 그것이 요나의 주된 행위를 설명한다고 생각한다. 물론 도망이라는 단어 외에도 '배', '폭풍' 등의 단어를 개요 단어로 선정할 수 있을 것이다.

또한 나는 요나서 1장의 개요 단어로 '그러나'를 정했다. '그러나'라는 접속사는 언뜻 보기에 그다지 중요하지 않게 보일지 모르지만 강력한 대비의 의미를 담고 있다. 요나는 공식 석상에 광대 복장을 하고 나타난 사람처럼 1장 전체를 통해 계속적으로 돌출 행동을 보인다. 그는 선원들의 뜻은 물론이고 하나님의 뜻과 정반대되는 행동을 한다. 요나서 1장 3,5,17절에서 '그러나'라는 접속사가 어떻게 사용되는지 주목하라(개역한글성경으로 17절에는 이 접속사가 생략되어 있다 - 역자 주).

이 밖에 당신이 읽고 있는 장에서 계속 반복되는 단어나 어구를 개요 단어로 선정해도 좋고, 또 유사한 사건들이나 주제 가운데서 개요 단어를 뽑아도 좋다. 이런 식으로 요나서 1장을 다시 살펴보자.

- ☐ '큰'이라는 단어가 반복되고 있다. 니느웨는 큰 성읍이었고(2절), 하나님께서 대풍(大風)을 내리셨고(4절), 큰 폭풍을 일으키셨으며(12절), 사람들이 하나님을 크게 두려워했다(16절). 또한 하나님께서 요나를 위해 큰 물고기를 예비하셨다(17절).
- ☐ '아래로'(down)라는 영어 단어가 반복되고 있다. 요나는 욥바로 내려갔고(went down, 3절), 배 밑창으로 내려가 누웠고(lay down, 5절), 바다가 잔잔해졌다(calmed down).

□ '하나님'이라는 단어가 반복되고 있다. 하나님 말씀이 요나에게 임했고(1절), 요나가 하나님을 피해 도망쳤고(3절, 3절에서만 "여호와"란 단어가 2번 반복되고 있다), 하나님께서 폭풍을 내리셨고(4절), 요나가 자기는 하나님을 경외하는 사람이라 고백했고(9절), 하나님을 피해 도망하는 중이라고 말했고(10절), 선원들이 하나님께 부르짖었고(14절), 그들이 하나님을 두려워했으며(16절), 하나님께서 요나를 위해 큰 물고기를 예비하셨다(17절).

□ '폭풍'이라는 단어가 강도를 더해가면서 4,11,12,13절에 계속 묘사되고 있다. 선장과 뱃사람들은 요나에게 8가지 질문을 던졌다(6,7,8,10절).

□ 선원들은 두려워했다(5,10절). 선원들은 처음에 물건을 바다에 던졌고(5절), 나중에는 요나를 던졌다(15절).

- □ 하나님께서 요나에게 명하셨고(1,2절), 선장이 요나에게 명했고(6절), 요나가 선원들에게 명했다(12절). 요나가 자기는 하나님을 경외하는 자라고 말했고(9절), 선원들이 나중에 하나님을 예배했다(16절).
- □ 하나님께서 많은 이적을 행하셨다. 요나에게 하나님 말씀을 주셨고(1절), 대풍과 폭풍을 일으키셨고(4절), 요나가 제비에 뽑히게 하셨고(7절), 바다를 잔잔하게 하셨고(15절), 선원들이 회개하도록 하셨고(16절), 요나를 위해 큰 물고기를 예비하셨다(17절).

대조되는 점 찾기

당신이 읽고 있는 단락이나 장의 등장인물들을 서로 비교하여 그 차이점이나 대조되는 점을 간략히 요약해보는 것도 성경을 이해하는 데 큰 도움이 된다. 대조적인 사건이나 주제의 차이를 요약하는 것도 마찬가지이다. 요나서 1장을 예로 들어 그런 대조점들을 5가지로 정리해 보겠다.

- □ 하나님께서는 요나에게 니느웨로 가라고 명하셨다(2절). 하지만 요나는 반대 방향으로 도망쳤다(3절).
- □ 선원들이 갑판에서 폭풍과 싸우는 동안(4,5절) 요나는 배 밑으로 내려가 깊은 잠을 잤다(5,6절).

□ 선원들이 이방 우상에게 부르짖을 때에는 물건을 배 밖으로 던졌지만(5절), 하나님께 부르짖을 때에는 요나를 배 밖으로 던졌다(15절).

□ 선원들은 처음에 이방 우상을 섬겼지만(5절), 나중에는 하나님을 믿었다(16절).

□ 요나가 배에 있을 동안에는 폭풍이 거세게 휘몰아쳤지만(4-14절), 그가 배 밖으로 던져진 후에는 폭풍이 일던 바다가 잔잔해졌다(15절).

이처럼 '한 장' 안에서 발견되는 대조되는 점들을 정리해보는 것도 흥미롭지만, 책 전체의 시작과 끝의 차이점이 무엇인지 조사하는 것도 성경에서 더 많은 것을 얻는 데 유익하다. 예를 들어, 요나서 전반부에서 요나는 니느웨 반대 방향으로 도망쳤지만, 후반부에서는 니느웨로 향했다.

삶의 원칙 찾기

이처럼 주요 사항들을 요약하고 정리하면서 말씀을 읽은 뒤에는 '하나님께서 이 단락과 장을 통해 나에게 가르치시는 삶의 원칙은 무엇인가?'라는 질문을 던져야 한다. 삶의 원칙이란 이야기가 주는 교훈으로서 성경 본문 안에 명료하게 진술되어 있을 수도 있고 함축되어 있을 수도 있다.

내가 요나서 1장에서 뽑은 교훈을 다음에 제시할 테니 당신 나름대로 덧붙일 것이 더 있는지 주의 깊게 살펴보기 바란다.

- ☐ 하나님께서는 하나님의 일을 할 때 사람을 들어 쓰신다(1절).
- ☐ 하나님께서는 정체가 모호한 대중이 아니라 특정한 개인을 불러 구체적인 과업을 맡기신다(1,2절).
- ☐ 하나님께서는 심판을 단행하시기 전에 미리 경고하신다(2절).
- ☐ 하나님께서는 죄의 길로 가는 사람들을 징벌하신다. 하지만 요

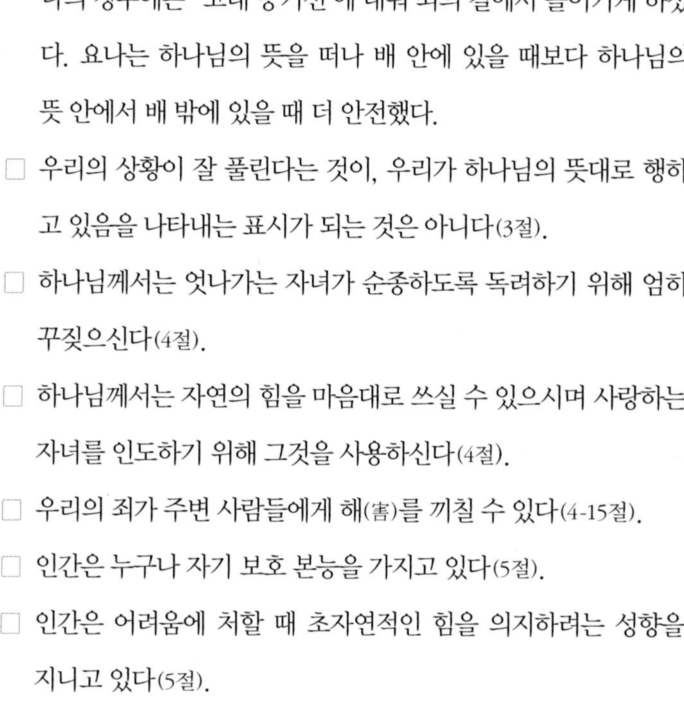

나의 경우에는 '고래 증기선'에 태워 죄의 길에서 돌이키게 하셨다. 요나는 하나님의 뜻을 떠나 배 안에 있을 때보다 하나님의 뜻 안에서 배 밖에 있을 때 더 안전했다.

- □ 우리의 상황이 잘 풀린다는 것이, 우리가 하나님의 뜻대로 행하고 있음을 나타내는 표시가 되는 것은 아니다(3절).
- □ 하나님께서는 엇나가는 자녀가 순종하도록 독려하기 위해 엄히 꾸짖으신다(4절).
- □ 하나님께서는 자연의 힘을 마음대로 쓰실 수 있으시며 사랑하는 자녀를 인도하기 위해 그것을 사용하신다(4절).
- □ 우리의 죄가 주변 사람들에게 해(害)를 끼칠 수 있다(4-15절).
- □ 인간은 누구나 자기 보호 본능을 가지고 있다(5절).
- □ 인간은 어려움에 처할 때 초자연적인 힘을 의지하려는 성향을 지니고 있다(5절).

물론 당신이 읽는 단락이나 장의 모든 절에 이 같은 삶의 원칙이 들어 있는 것은 아니다. 그러나 그 사실이 삶의 원칙을 찾는 우리의 작업에 지장을 초래하는 것은 결코 아니다. 때로는 단락이나 장 전체가 한 가지 삶의 원칙을 함축하고 있는 경우도 있다.

그리고 단락의 내용이 역사적인 것일수록(사건을 다룰수록) 삶의 원칙이 그 이면에 함축되어 있기 쉽고, 교리적인 것일수록(교훈이나 의견을 전개할수록) 삶의 원칙이 표면에 명료하게 진술되어 있기 쉽다. 앞서 제시한 요나서 1장의 삶의 원칙들은 거의 대부분이 사건의 전개 속에 함축되어 있는 것들이다. 그렇다고 해서 역사적인 내용을 다루는 단락이나 장에 명료하게 진술된 삶의 원칙들이 전혀 없는 것은 아니다. 요나서에도 삶의 원칙을 직접적으로 명료하게 진술한 구절이 있다. 그 대표적인 예가 다음 구절이다.

"무릇 거짓되고 헛된 것을 숭상하는 자는 자기에게 베푸신 은혜를 버렸사오나"(욘 2:8).

그렇다면 요나서 1장 전체에 함축된 삶의 원칙은 무엇일까? 예를 들자면, "믿는 사람은 하나님을 피해 도망칠 수 없다!"가 될 것이다. 우리는 요나서 1장이 그런 원칙을 가르치고 있다는 것에 대해 모두 동의한다. 적어도 요나가 겪은 일을 통해 확인할 수 있으니 말이다. 그러나 1장 몇 절이 정확히 그렇게 말하고 있는가? 우리는 그런 원칙을 가르치는 명확한 구절을 요나서 1장에서 찾을 수 없다. 그도 그럴 것이 명확히 진술되지 않은 채 이야기의 이면에 함축되어 있던 주제를 우리가 뽑아내었기 때문이다.

이처럼 말씀 안에 함축되어 있는 원칙을 뽑아내는 작업은 그 자체로 타당하다. 그러나 성경을 읽으면서 거기에 없는 것들을 뽑아내는 것은 위험천만한 일이다. 우리는 성경이 말하지 않는 것들을 자의(自意)로 꾸며내지 않도록 주의하고 또 주의해야 한다. 이는 수천수만 번을 강조해도 지나치지 않다.

동일한 원칙을 가르치는 성경 말씀

하나님께서는 우리가 이런 잘못을 저지르지 않도록 말씀 안에 안전 장치를 마련하셨다.

"두세 증인의 입으로 말마다 확정하리라"(고후 13:1).

하나님께서 성경을 통해 우리에게 주신 말씀은 모두 성령의 영감(靈感)으로 기록된 것이다. 따라서 그 말씀 한마디 한마디가 다 중요하다. 그리고 하나님께서 어떤 말씀을 7번이나 반복하셨다면 우리는 그 말씀에 각별한 주의를 기울여야 마땅하다. 성경은 "두세 증인"의 필요성을 일곱 차례나 강조하고 있다(이에 관한 성경구절을 알고 싶으면 성구사전을 참조하라).

그러므로 당신이 성경의 어느 한 단락이나 장에 함축된 원칙을 발견했을 때, 다른 성경구절 두세 개가 그것과 동일한 원칙을 가르치고 있다면 당신은 튼튼한 토대 위에 서 있는 것이다. 당신이 성경의 어떤 단락이나 장에서 새로운 진리를 발견했는데, 성경의 다른 기자 두세 명이 그와 같은 진리에 동의하고 있다면 당신은 정말 견고한 발판을 딛고 서 있는 것이다.

예시용

성경 속 숨겨진 보화를 쏙쏙 캐기 위한

성경공부 표

성경 본문 요나서 1장

장 제목 하나님으로부터 도망친 요나 **등장인물** 하나님, 요나, 선장, 선원들, 큰 물고기

지명 또는 장소 니느웨, 욥바, 다시스, 바다, 배 또는 배 밑창, 큰 물고기 배 속

분위기 요나는 니느웨로 가기를 두려워했고, 선원들은 거센 폭풍을 두려워했다.

요절 "그러나 요나가 여호와의 낯을 피하려고 일어나 다시스로 도망하려 하여 욥바로 내려갔더니 마침 다시스로 가는 배를 만난지라 여호와의 낯을 피하여 함께 다시스로 가려고 선가를 주고 배에 올랐더라"(욘 1:3).

사건이나 주제

사건 - 적국 앗수르의 수도 니느웨에 말씀을 선포하라는 소명을 받은 요나는 이를 거절하고 도망한다.

주제 - 순종과 불순종

개요 단어 "도망"(3절), "배"(3,4,5,13,17절), "폭풍"(4,12절), "그러나"(3,5절)

유사점

- '아래로'(down)라는 영어 단어가 반복되고 있다. 요나는 욥바로 내려갔고(went down, 3절), 배 밑창으로 내려가 누웠고(lay down, 5절), 바다가 잔잔해졌다(calmed down).
- 선원들은 처음에 물건을 바다에 던졌고(5절), 나중에는 요나를 던졌다(15절).

대조되는 점

- 하나님께서는 요나에게 니느웨로 가라고 명하셨다(2절). 하지만 요나는 반대방향으로 도망쳤다(3절).
- 선원들이 갑판에서 폭풍과 싸우는 동안(4,5절) 요나는 배 밑으로 내려가 깊은 잠을 잤다(5,6절).
- 선원들이 이방 우상에게 부르짖을 때에는 물건을 배 밖으로 던졌지만(5절), 하나님께 부르짖을 때에는 요나를 배 밖으로 던졌다(15절).

삶의 원칙

하나님께서는 죄의 길로 가는 사람들을 징벌하신다. 하지만 요나의 경우에는 '고래 증기선'에 태워 죄의 길에서 돌이키게 하셨다. 요나는 하나님의 뜻을 떠나 배 안에 있을 때보다 하나님의 뜻 안에서 배 밖에 있을 때 더 안전했다.

질문과 대답

질문 - 성인 남자를 한입에 삼킬 수 있는 물고기라면 어느 정도 크기였을까?

대답 - 향유고래의 식도 너비는 무려 3미터에 달한다.

깨달은 점

하나님께서는 자녀들의 순종을 독려하는 데 필요한 것이라면 어떤 이적이든 행하신다.

해야 할 일

하나님께서 명령하실 때 즉시 순종하자!

실전용

성경 속 숨겨진 보화를 쏙쏙 캐기 위한

성경공부 표

성경 본문 ____________

장 또는 단락 제목　　　　　　　　　　등장인물

지명 또는 장소

분 위 기

요　　절

사건이나 주제

개요 단어

유 사 점

대조되는 점

삶의 원칙

질문과 대답

깨달은 점

해야 할 일

관주성경을 적극 활용하라

그렇다면 확고한 증인이 되어줄 그런 구절들을 어떻게 찾아야 할까? 우선은 성경 각 구절 상단이나 하단에 기록된 관주(貫珠)를 참조하는 것이 좋다. '관주성경'은 당신이 읽고 있는 구절과 유사한 구절들이 성경의 어디에 또 언급되어 있는지 자세히 알려준다(시중에 보급된 성경책들 가운데는 '관주'가 표기되어 있지 않은 것들이 많다. 여기서 말하는 성경읽기를 위해서는 '관주성경'을 따로 구비하는 것이 좋겠다).

당신은 관주성경을 통해 요나서 1장 3절 "여호와의 낯을 피하여" 부분의 관주가 시편 139편을 가리키고 있다는 사실을 확인할 수 있다. 그렇다면 시편 139편의 말씀이 요나서 1장에 함축된 진리와 일치하는지 확인해보기 바란다.

"내가 주의 신을 떠나 어디로 가며 주의 앞에서 어디로 피하리이까 내가 하늘에 올라갈지라도 거기 계시며 음부에 내 자리를 펼지라도 거기 계시니이다 내가 새벽 날개를 치며 바다 끝에 가서 거할지라도 곧 거기서도 주의 손이 나를 인도하시며 주의 오른손이 나를 붙드시리이다 내가 혹시 말하기를 흑암이 정녕 나를 덮고 나를 두른 빛은 밤이 되리라 할지라도 주에게서는 흑암이 숨기지 못하며 밤이 낮과 같이 비취나니 주에게는 흑암과 빛이 일반이니이다"(시 139:7-12).

믿는 사람이 하나님을 피하여 숨을 수 있을까? 요나와 다윗은 "그럴 수 없다!"라고 입을 모아 말한다.

더불어 앞에서 누차 강조했던 것처럼 성경 각 장에 제목을 붙이는 작업을 충실히 수행하다보면 당신이 읽고 있는 구절과 관련된 다른 구절을 찾는 수고를 상당 부분 덜게 된다. 이 작업을 통해 당신은 성경 지식이 몰라보게 향상되어 자신이 읽고 있는 구절과 관련된 다른 구절들을 어렵지 않게 떠올릴 수 있을 것이다.

사건 속에 함축된 삶의 원칙 찾기

성경에서 삶의 원칙을 찾는 이 과업은, 고대에 기록된 문서를 오늘날 우리의 삶과 직접적으로 연관된 '하나님 말씀'으로 전환시키는 기능을 한다. 요나서는 현존하지 않는 대도시에 가서 말씀을 전파한 고대 선지자에 관한 기사로서 거의 과거 시제로 기록되어 있지만, 그 말씀 한마디 한마디에 시공을 초월하는 삶의 원칙들이 가득하다.

바울은 구약의 사건들에 대해 언급하며 이렇게 말했다.

"무엇이든지 전에 기록한 바는 우리의 교훈을 위하여 기록된 것이니 우리로 하여금 인내로 또는 성경의 안위로 소망을 가지게 함이니라"(롬 15:4).

"저희에게 당한 이런 일이 거울이 되고 또한 말세를 만난 우리의 경계로 기록하였느니라"(고전 10:11).

창세기 24장을 예로 들어보자. 이 부분은 아브라함의 늙은 종이 주인 아들의 배필을 구하는 과정에 관한 이야기이다. 단순히 흥미로운 이야기인 것처럼 보이지만 여기에도 중요한 삶의 원칙이 함축되어 있다. 성경의 이 부분을 다시 읽어보라.

3,4절에서 신자는 신자와 결혼해야 한다는 원칙을 발견할 수 있으며, 5–8절에서는 하나님의 축복을 저버리면서까지 배필을 얻어서는 안 된다는 원칙을 발견할 수 있다. 그렇다면 12–21절에서 남자가 마땅히 택해야 하는 여성에 대해 어떤 교훈을 얻을 수 있을까? 22–35절에서 인척에 대한 재정적 의무에 대해 어떤 원칙을 뽑아낼 수 있을까?

이런 원칙들은 당신의 사고(思考)를 돕기 위해 내가 뽑아본 것들이다. 이제 창세기 24장의 나머지 부분을 읽으면서 이런 원칙들을 제외한 다른 원칙들을 최소한 6가지 정도 더 찾아보기 바란다.

기타 의문점에 대해 답하기

성경을 효과적으로 읽기 위한 또 다른 두 가지 방법은 '질문하고 대답하기'와 '깨달은 점 기록하기'이다. '질문하고 대답하기'는 말 그대로 말씀을 읽으면서 생긴 의문점을 기록했다가 스스로 대답하는 방법이고, '깨달은 점 기록하기'는 지금까지 우리가 살펴본 단락이나 장을 분석하기 위한 여러 가지 방법 가운데 어디에도 딱 맞아 떨어지지 않는 사항들을 기록하는 방법이다.

성경을 읽으면서 생긴 의문점을 기록했다가 나중에 자료를 찾아

스스로 답하는 이 방법을 되풀이하다보면 성경 지식이 날로 풍성해질 것이다. 물론 자신의 힘으로 대답하기 어려운 경우에는 주변의 성도들이나 목회자에게 도움을 청해도 좋다.

그런데 성경을 읽다가 '무엇을 질문해야 하지?', '내가 무엇을 모르는지 잘 모르겠는데?'라는 생각이 들면 다음 '6명의 하인들'로부터 도움을 얻을 수 있다. 당신도 알다시피 그들의 이름은 '누가', '언제', '어디서', '무엇을', '어떻게', '왜'이다.

이제 이 6가지 항목을 요나서 1장에 적용하여 질문을 만들어보겠다.

- ☐ 요나의 아버지라는 사실 외에 아밋대에 대해 아는 것이 무엇인가?
- ☐ 선원들은 누구에게 기도했던 것일까?
- ☐ 요나는 어떤 종류의 배를 탔던 것일까?
- ☐ 성인 남자를 한입에 삼킨 물고기라면 어느 정도 크기였을까?
- ☐ 제비뽑기는 어떻게 했을까?
- ☐ 다시스는 어디일까?
- ☐ 요나가 니느웨로 가기를 그렇게 싫어한 까닭은 무엇인가?
- ☐ 선원들이 요나를 구하기 위해 애쓴 까닭은 무엇인가?
- ☐ 요나의 집에서 니느웨까지의 거리는 얼마나 되었을까?
- ☐ 요나의 집에서 욥바까지의 거리는 얼마나 되었을까?
- ☐ 욥바에서 다시스까지의 거리는 얼마나 되었을까?

그럼 이제 답을 해보자. 이런 질문들에 대답하려면 어떻게 해야 할까? 관주성경도 도움이 될 것이고, 성경사전도 도움이 될 것이고, 성경 백과사전도 도움이 될 것이다. 그리고 매우 까다로운 질문의 경우에는 상세한 주해(註解)가 달린 성경주석도 필요할 것이다.

질문에 대한 답을 찾을 때 일반 백과사전의 가치를 간과하지 말라. 어떤 질문들의 경우에는 일반 백과사전도 큰 도움이 되기 때문이다. 예를 들어, 일반 백과사전에서 '고래' 항목을 찾아보라. 그러면 어떤 종류의 고래는 성인 남자를 통째로 삼킬 만큼 거대하다는 사실을 알 수 있다. 향유고래의 식도 너비는 무려 3미터에 달한다.

우리는 이런 질문들에 용이하게 대답할 수 있도록 도와주는 유용한 성경 도구들에 대해 좀 더 자세히 살펴볼 것이다.

마음에 깊이 새기고 실천하기

134,135쪽에 예시용과 실전용 표를 각각 제시했다. 이 표는 단락이나 장을 분석하기 위한 다양한 기법들을 한눈에 볼 수 있도록 통합한 것이다. 앞에서도 잠깐 언급했지만, 내가 이 책에서 제시하는 기법들을 한꺼번에 모두 사용하려고 애쓰지 말라. 그것들은 뷔페 요리와 같아 전부 다 먹으려고 달려들면 필경 탈이 나게 마련이다. 내가 이 책에서 제시한 다양한 성경공부 기법들 가운데서 당신에게 맞는 몇 가지를 골라 한 가지씩 실행에 옮기라.

'성경 속 숨겨진 보화를 쏙쏙 캐기 위한 성경공부 표'의 경우도 마찬가지이다. 이 표를 그대로 사용해야 하는 것도 아니고, 한두 시간 안에 꼼꼼하게 다 채워야 하는 것도 아니다. 성경 한 장을 완벽하게 소화하는 데 일주일이 걸린들 어떠랴! 많은 분량의 말씀을 읽었다는 만족감에 도취되는 것보다 적은 분량을 읽더라도 그 말씀을 마음에 새겨 실제로 변화된 삶을 사는 것이 훨씬 더 중요하지 않겠는가?

성경을 읽기는 읽되 실생활에 적용하지 않고 그저 성경에 들어 있는 사실만을 머릿속에 저장하는 것은 영적 생명에 치명적이다. '성경 속 숨겨진 보화를 쏙쏙 캐기 위한 성경공부 표'에서 가장 중요한 항목이 무엇이라 생각하는가? 다 중요하지만, 나는 단연 '해야 할 일'을 꼽겠다.

성경 지식의 향상이 곧 그리스도를 닮아가는 성장으로 대체되는 것은 결코 아니다. 전자(前者)가 없으면 후자(後者)가 있을 수 없고, 후자가 있으려면 반드시 전자가 선행되어야 하지만, 전자가 후자를 대신할 수는 없다. 다시 말해서, 성경 지식의 향상이 곧 예수 그리스도를 닮아가는 영적 성장이 되는 것은 아니다. 성경에 대해 더 많이 배운다는 것은 우리의 생활에서 빛의 영역을 더욱 확장시켜 그 안에서 걸어야 한다는 것을 의미한다. 따라서 성경을 읽은 다음에는 '해야 할 일'을 구체적으로 기록하는 것이 가장 중요하다.

하나님께서 격려하실 때 응답하라

요나서 1장에서 찾을 수 있는 삶의 원칙은 하나님께서 우리에게 순종을 독려하신다는 사실이다. 요나가 순종하기를 거부하면 할수록 하나님께서는 더욱 강력하게 그를 권고하고 격려하셨는데, 나는 이 사실을 깨닫고 감격의 눈물을 흘렸다. 큰 물고기는 하나님께서 요나의 길에 보내신 마지막 격려였다.

어떤 사람들은 자기들이 선 밖으로 벗어날 때 하나님께서 무서운 질병이나 사고를 동원하여 잔인하게 때리실 것이라고 생각한다. 그러나 사실은 정반대이다.

"네가 하나님의 인자하심이 너를 인도하여 회개케 하심을 알지 못하여 그의 인자하심과 용납하심과 길이 참으심의 풍성함을 멸시하느뇨"(롬 2:4).

우리가 말씀을 듣고도 순종하지 않을 때 하나님께서는 우리의 옆구리를 쿡쿡 찌르며 주의를 환기시키신다. 그래도 순종하지 않으면 강도를 약간 높이시고, 그래도 순종하지 않으면 좀 더 강한 방법을 사용하신다. 하나님은 자녀들의 주의를 환기시키기 위해 회초리를 드시는데, 이것은 하나님께서 맨 마지막에 사용하시는 초강력 처방이다.

이제 이런 원칙이 요나서 1장에서 어떻게 나타나고 있는지 살펴보기로 하자.

□ 1절

하나님의 말씀이 요나에게 임했다. 우리는 하나님께서 요나에게 직접 음성을 들려주셨는지, 환상을 보여주셨는지, 꿈에 나타나 계시하셨는지, 천사를 통해 말씀하셨는지 알 수 없다. 그러나 요나는 어디로 가서 무엇을 선포해야 하는지 잘 알고 있었다.

□ 2절

하나님께서는 요나가 니느웨로 가야 하는 까닭을 명확히 밝히셨다. 하나님께서는 사악한 도시 니느웨에 어떤 조치를 취하기를 원하셨고, 요나가 그 귀한 대의(大義)를 위해 기꺼이 순종하기를 바라셨다.

□ 3절

요나는 하나님의 명확한 지시를 거역했다.

□ 4,5절

하나님께서는 폭풍을 일으키심으로써 요나의 도피가 성공하지 못하리라는 것을 일깨워주셨다. 폭풍은 노련한 뱃사람들도 공포에 질리게 할 만큼 맹렬했고 배를 부술 만큼 강력했지만, 결정적으로 파괴하는 힘은 갖고 있지 않았다. 전능하신 하나님께서 능력을 조절하셨기 때문이다.

그런 상황에서 요나는 배 밑창으로 내려가 깊은 잠이 들었다. 안 그래도 죄책감을 갖고 있던 요나가 험한 파도 속에서 어떻게 잠을 잘 수 있었을까? 아마 그는 신체적으로나 정서적으로 완전히 고갈된 상태였을 것이다. 집에서 욥바까지 거의 100킬로미터나 되는 거리를 한걸음에 내달렸으니 말이다. 요나는 책임을 회피하기 위해 잠을 이용하는 그런 부류의 사람이었다. 할 일은 산더미처럼 쌓여 있는데 어디서부터 어떻게 시작할지 몰라 그저 답답하기만 할 때, 당신이 주로 사용하는 방법은 무엇인가? 유쾌하지 않은 과업을 회피하기 위한 대안으로 침대에 벌러덩 누워버리지는 않는가?

□ 6절

요나를 향한 하나님의 권고는 조금씩 강도를 더해갔다. 선장이 잠든 요나를 깨워 기도해야 한다는 책임을 각성시킨 사건이 단적인 예이다. 선원들이 모두 우상을 섬기는 사람들이었음에도 하나님께 기도했다는 사실이 흥미롭다(14절). 하나님께서 믿지 않는 사람들을 사용하셔서 하나님의 자녀가 정신을 차리도록 독려하신 것이 이번이 처음은 아니다.

□ 7절

제비를 뽑은 결과, 맹렬한 폭풍이 일어난 것이 요나 때문이라는 사실이 밝혀졌다.

□ 8절

선원들이 요나에게 많은 질문을 던졌다. 그리고 요나는 (기특하게도) 솔직히 대답했다. 선원들은 요나가 무슨 잘못을 했기에 자기들이 그런 화를 당하는 것인지 알아야 했다. 요나는 그들의 질문에 정직하게 고백했다. 요나의 죄 때문에 선원들은 화물을 바다에 던져야 했을 뿐 아니라 배가 파손되고 목숨까지 위태롭게 되었다. 그런 그들 앞에서 요나가 모든 것을 솔직히 고백하기란 결코 쉬운 일이 아니었을 것이다.

□ 9절

요나는 모든 사정을 고백하면서 자신의 잘못을 뉘우쳐야 했음에도 도피의 길을 계속 고집했다.

□ 10절

폭풍이 더욱 맹렬해지면서 뱃사람들의 두려움은 공포로 변해갔다. 나는 종종 비행기를 탄다. 그런데 비행 중에 난기류를 만났다 하더라도 승무원들이 차분하게 행동하면 나 역시 편안하다. 그러나 승무원들이 우왕좌왕하기 시작하면 나 역시 불안에 휩싸인다.

□ 11,12절

하나님께서는 요나에게 회개할 기회를 또다시 주셨다. 그러나 그는 여전히 반항했다.

□ 13,14절

선원들은 요나와 배를 구하기 위해 더 열심히 노력했다. 선원들이 요나를 구하기 위해 (요나가 니느웨 백성을 구하기 위해 애쓴 것보다 더 열심히) 갖은 애를 다 쓰고 있을 때, 요나는 양심이 찔렸을 것이다.

□ 15-17절

요나를 향한 모든 권고와 격려가 무의미하게 돌아가자, 하나님께서는 선원들이 요나를 배 밖으로 던지는 것을 허락하셨다. 그런데 심지어 그런 때에도 하나님께서는 하나님의 뜻에 순종하느니 차라리 죽는 편을 택하겠다고 고집을 피우는 선지자에게 자비를 베푸셨다. 큰 물고기를 미리 준비시켜 배에서 던져진 선지자를 기다리게 하신 것이었다. 그리고 사흘 뒤, 그 물고기는 자기 배 속에 담아 온 '인간 화물'을 육지에 안전하게 뱉어놓았다.

물고기가 요나를 삼킨 사건은, 반항하는 선지자에게 니느웨로 가서 말씀을 전해야 한다는 사명을 진작시키기에 충분한 매우 강력한 하나님의 권고였다. 물고기 배 속에 들어간 요나는 하나님께 순종해야 한다는 결단을 내렸다. 하나님께서는 요나에게 순종을 강요하지 않으셨다. 하나님께서는 요나에게 강력히 권고하셨다.

즉각 응답, 즉각 순종

요나는 사흘 동안 큰 물고기 배 속에 갇혀 있던 이 사건을 죽을 때까지 잊을 수 없었을 것이다. 만일 이 사건 이후 오랜 시간이 지난 뒤에 하나님께서 다시 요나를 불러 어떤 곳에 가서 말씀을 전하라고 명하셨다면, 요나가 어떤 생각을 했겠는가? 또다시 도망치려 하다가도, 오래전에 겪은 일을 상기하면서 금세 발걸음을 돌려 "주님, 말씀대로 하겠습니다! 제가 어디로 가야 합니까? 무슨 말씀을 전해야 할지 알려주소서! 말씀대로 하겠습니다!"라고 아뢰지 않았을까? 또한 그는 큰 물고기를 볼 때마다 '하나님께서 명령하실 때 즉시 순종하는 게 상책이다'라고 생각하지 않았을까?

하나님의 자녀들이 순종하지 않을 때 사랑의 하나님께서는 그들을 부르고 또 부르신다. 그리고 부르실 때마다 더 큰 음성으로, 더 강력하게 권고하신다. 우리가 진정 하나님의 자녀라면 아버지께서 명하실 때 즉시 순종해야 한다. 아버지께서 명하실 때 즉각 순종하지 않는 자녀는 아버지의 강력한 권고와 꾸지람을 각오해야 할 것이다.

그러나 불행하게도 오늘날, 하나님 말씀을 듣고 즉각 순종하는 사람을 찾아보기가 매우 어렵다. 우리도 대부분 아버지의 권고를

두세 번 받아야 겨우 발을 떼지 않는가?

하나님께서 지금 당신 삶의 어떤 영역이 변화되어야 한다고 말씀하고 또 말씀하고 계신데, 당신이 계속 반항하며 고집을 피우고 있는 것은 아닌지 조용히 묵상해보기 바란다. 그리고 하나님께서 오래 참으시는 가운데 사랑으로 당신을 권고하고 계신 것을 조금이라도 깨닫는다면 오늘, 아니 바로 지금 이 순간 하나님의 권고에 즉각 응답하여 앞으로 어떻게 할 것인지 아뢰라.

말씀에 대한 통찰력을 기르는 성경공부

어떤 사람이 당신에게 사건의 전모를 밝히지 않고 일부만 이야기해 준 탓에 당신이 애를 먹은 적이 있는가? 어떤 사람이 당신 상사에게 사건의 일부만 전한 탓에 다른 사람이 받아야 할 징계를 당신이 대신 받은 적이 있는가?

누군가가 다른 사람에게 매우 중요한 이야기를 하고 있을 때, 당신이 중간에 불쑥 끼어들어 몇 마디만 듣고서는 그 사람이 하는 말의 진의(眞意)를 온전히 파악했다고 생각하는 것은 위험천만한 일이다. 우리의 성경읽기 과업도 마찬가지이다. 어떤 구절을 읽을 때 전체적인 문맥 안에서 읽느냐 그렇지 않느냐에 따라 의미와 해석이 엄청나게 달라진다.

'말'이라는 단어를 들을 때 무엇이 떠오르는가? 의사 전달 수단으로서의 말? 초원을 달리는 말? 장기나 체스를 둘 때 사용하는 말? 이 3가지 의미 가운데 한 가지 뜻을 염두에 두고 다음에 보기를 제시할 테니 과연 내가 생각한 의미가 무엇인지 알아맞혀보기 바란다.

☐ 흰 말

☐ 마지막 남은 흰 말

☐ 그는 마지막 남은 흰 말에서 눈길을 떼지 않았다.

무엇을 추측했는가? 내가 생각한 완전한 문장은 "그는 체스 판 위에 있는 마지막 남은 흰 말에서 눈길을 떼지 않았다"이다. 당신은 이제 내가 의도한 의미가 '장기나 체스 따위를 할 때 말판에서 정해진 규칙에 따라 옮기는 패'라는 것을 알아챘을 것이다. 이처럼 어떤 단어를 문맥 속에서 읽으면 혼동이 말끔하게 사라진다. 성경공부에도 이와 동일한 원칙이 그대로 적용된다.

문맥을 주의 깊게 읽어라

성경의 어떤 구절을 공부하기 위한 가장 좋은 방법은 그 구절이 포함된 정황, 즉 문맥 안에서 읽는 것이다. 성경의 단어나 문장이나 단락이나 장을 올바로 공부하려면 학습하려는 대상의 상위에 있는 더 큰 단위를 읽어야 한다. 좀 더 구체적으로 말해서, 단어를 공부하기 위해서는 그 단어를 포함하고 있는 문장을 읽어야 하고, 문장을 이해하기 위해서는 그 문장을 포함하고 있는 단락을 읽어야 하고, 단락을 집중적으로 연구하기 위해서는 그 단락을 포함하고 있는 장을 읽어야 한다.

이단 종파의 사람들은 성경의 한 구절을 문맥에서 떼어내, 성경 기자가 본래 의도한 것과 전혀 다른 뜻으로 해석함으로써 성경을 잘못된 가르침의 근거로 사용한다. 어쩌면 우리도 간혹 하나님 말씀을 그들처럼 다룸으로써 그들과 똑같은 죄를 범하고 있는지도 모른다.

어떤 교회에서는 수요 기도회가 끝날 때마다 소위 '미스바 축도'라 부르는 기도문을 암송한다.

"… 우리가 서로 떨어져 있는 동안에도 하나님께서 당신과 나를 감찰하시기 바랍니다."

당신도 이런 말을 들어보았을지 모르고, 또 어쩌면 직접 해보았는지도 모르겠다. 그렇다면 원래 누가 누구에게 이 말을 한 것인지 알고 있는가?

이 말이 어떤 정황에서 나온 말인지 알고 싶다면 창세기 31장을 처음부터 끝까지 읽어보라. 그리고 누가 누구를 향해 이런 축원을 한 것인지 확인해보라. 그 두 사람이 어떤 관계였는가? 절친한 친구였는가? 라반이 야곱에게 한 이 말(창 31:49 참조)을 서로 사랑하는 교회의 신자들끼리 복을 기원하는 축도로 사용하는 것이 과연 합당한가?

이것은 어떤 교회의 교인들이 서로 화평하게 지내지 못할 때, 집회를 끝마치고 나누는 작별 인사 정도로 할 수 있을 말이다.

물론 이 구절을 축도로 사용하는 교회는 그 구절에 특별한 의미를 부여했을 것이다. 그러나 그것은 본래의 문맥에서 라반이 말한 의미와는 다르다. 그런 식의 성경 해석은 바람직하지 않다.

어떤 구절을 문맥 속에서 읽으면 성경에 관한 많은 질문들(성경에 관한 오해는 말할 것도 없고)이 말끔히 해결된다. 예를 들어, 에스겔이 환상 중에 보았던 "마른 뼈들"을 제대로 이해하려면 에스겔서 37장을 처음부터 끝까지 다 읽어야 한다.

또 다른 예로, 말세에 주님을 증거할 144,000명의 증인들에 대해 들었다면 그들에 대한 이야기가 나오는 요한계시록 7장 4절만 달랑 읽어서는 안 된다. 전후 문맥을 충분히 살피며 읽어야만 이 사람들이 누구인지, 어디서 온 사람들인지, 무슨 일을 하라는 사명을 받았는지 올바로 이해할 수 있다.

나는 당신에게 한 가지 질문을 하겠다. 성경이 "진리가 너희를 자유케 하리라"라고 말하는가? 이 질문에 대한 대답은 "그렇다" 혹은 "그렇지 않다"가 될 수 있다. 왜냐하면 예수님이 그렇게 말씀하시긴 했지

만, 그것이 예수님이 하신 말씀을 온전하게 인용한 것은 아니기 때문이다. 예수님은 "진리를 알지니 진리가 너희를 자유케 하리라"(요 8:32)라고 말씀하신다.

하나님의 진리는 우리를 자유롭게 한다. 그러나 그런 일이 자동적으로 일어나는 것은 아니다. 우리는 먼저 진리를 알아야 한다. 더욱이 NIV(New International Version) 영어성경의 이 구절 맨 앞에는 "then"(그러면)이라는 단어가 나온다(개역한글성경에는 이 접속사가 생략되어 있다 - 역자 주). 도대체 어떻게 하면 진리를 알게 된다는 뜻일까? 여기 이 "then"이라는 접속사는 이 구절이 앞 구절과 긴밀하게 연관되어 있음을 명백히 밝힌다.

또한 예수님이 누구를 향해 이 말씀을 하신 것인지, 그들이 언제 진리를 알게 될 것이라는 말씀인지, 예수님이 이 말씀을 듣는 이들에게 어떤 책임을 부과하셨는지 깨닫는 것도 매우 중요하다. 이런 중요한 사실을 깨달으려면 이 구절을 포함하는 문맥을 주의 깊게 읽어야 한다.

성구사전 이용하기

어떤 구절에 대해 연구하고자 할 때, 먼저 그 구절을 포함하는 문맥을 주의 깊게 읽어야 한다는 점은 아무리 강조해도 지나치지 않다. 일단 이렇게 문맥을 파악했으면 이제 공부하고자 하는 구절을 깊이 파헤칠 차례이다. 내가 가장 즐겨 사용하는 방법이 있는데, 그것은 공부하고자 하는 구절에 들어 있는 핵심 단어들의 의미를 찾은 뒤에 그것들을 서로 연결하여 나름대로 부연 설명이 가미된 구절을 만드는 것이다.

그렇다면 핵심 단어들의 의미를 어디서 찾아야 할까? 일반 사전에서? 아니다. '성구사전'을 활용하면 성경에 나오는 단어의 의미를 찾는 작업을 매우 수월하게 수행할 수 있다(이에 대하여는 뒤에서 더 상세히 언급할 것이다). 또한 성구사전은 어떤 어구의 정확한 출처를 파악하는 데도 매우 유용하다.

"오직 여호와를 앙망하는 자는 새 힘을 얻으리니 독수리의 날개 치며 올라감 같을 것이요 달음박질하여도 곤비치 아니하겠고 걸어가도 피곤치 아니하리로다"라는 구절이 성경 어디에 기록되어 있는지 잘 몰라서 성구사전을 이용하여 찾는다고 가정해보자.

먼저 그 구절에 들어 있는 핵심 단어 하나를 골라라. 이런 경우에 핵심 단어는 그 구절에 들어 있는 다른 단어들보다 일반적으로 덜 빈번하게 쓰이는 것을 선택하는 것이 좋다. 왜냐하면 "올라가다"라는 단어처럼 쓰임새가 빈번한 단어를 선택하면 성구사전의 긴 목록을 검토하면서 꽤 많은 시간을 보낼 수 있기 때문이다.

나는 "독수리"를 핵심 단어로 택하겠다. 성구사전에서 "독수리" 항목에 해당되는 목록의 일부를 뽑아 다음에 제시했다. 이 목록을 보면 우리가 찾고자 하는 구절이 이사야서 40장 31절에 기록되어 있다는 것을 쉽사리 알 수 있다.

ㄱ

귀

느	1:6	주는 귀를 기울이시며
욥	12:11	귀가 말을 분변하지 아니하느냐
시	10:17	귀를 기울여 들으시고
	17:6	귀를 기울여 내 말을 들으소서
	34:15	그 귀는 저희 부르짖음에 기울이시는도다
	135:17	귀가 있어도 듣지 못하며
잠	2:2	네 귀를 지혜에 기울이며
	15:31	생명의 경계를 듣는 귀는
	21:13	귀를 막아 가난한 자의 부르짖는 소리를
	23:12	지식의 말씀에 귀를 기울이라
	25:12	청종하는 귀에 금고리와 정금 장식이니라
마	10:27	너희가 귓속으로 듣는 것을 집 위에서 전파하라
	11:15	귀 있는 자는 들을지어다
	13:15	그 귀는 듣기에 둔하고
눅	4:21	이 글이 오늘날 너희 귀에 응하였느니라
	22:50	그 오른편 귀를 떨어뜨린지라

⋮

ㄷ

독수리

신	32:11	마치 독수리가 그 보금자리를 어지럽게 하며
시	103:5	네 청춘으로 독수리같이 새롭게
사	40:31	독수리의 날개 치며 올라감 같을 것이요
렘	4:13	그 말들은 독수리보다 빠르도다
마	24:28	독수리들이 모일지니라

또 다른 예로, "그 귀는 저희 부르짖음에 기울이시는도다"라는 구절이 성경 어디에 기록되어 있는지 찾기 위해 성구사전을 참조한다고 생각해보자. 대부분의 사람들은 분명 "귀"를 핵심 단어로 선택할 것이고, 성구사전의 "귀" 항목에 해당되는 목록에서 그 구절이 시편 34편 15절에 기록되어 있다는 사실을 알 수 있을 것이다.

위에서 확인할 수 있는 것처럼 대부분의 성구사전은 지면을 절약하기 위해 우리가 찾고자 하는 단어를 포함하는 구절들의 어구 몇 마디만을 기록한다. 따라서 우리는 찾고자 하는 단어를 포함하고 있는 성경구절을 앞에서부터 뒤까지 다 읽어보지 않아도 해당 어구를 신속하게 검토하여 원하는 구절을 수월하게 찾을 수 있다.

성구사전에는 성경에 있는 단어들 각각을 포함하는 구절들이 모두 제시되어 있기 때문에 부피가 클 수밖에 없다. 따라서 대부분의 성구사전은 몇 권의 세트로 구성되어 있고 가격도 만만치 않다. 그러나 성경공부의 효율성과 당신의 영적 성장을 고려하여 한 세트 정도 구비하고 있는 것이 좋다.

한편 성구사전을 구하기 어렵거나 좀 더 손쉬운 검색을 원하는 사람은 다음에 소개한 인터넷 사이트에 들어가서 온라인 성경을 이용하여 검색하는 것도 좋다.

- ☐ 대한성서공회(www.bskorea.or.kr)
- ☐ 바이블포유(www.bible4u.pe.kr)
- ☐ 한국컴퓨터선교회(www.kcm.kr)
- ☐ 홀리넷(www.holybible.or.kr)

원어의 의미를 직접 찾아보라!

성구사전 가운데는 성경에 있는 모든 단어의 원어상의 의미를 밝혀 주는 것들도 있다[구약은 히브리어로, 신약은 헬라어로 기록되어 있다. 한글로 된 성구사전으로는 《스테판 원어 성구사전》(원어성서원 간행)과 《완벽성경성구대전》(아가페 간행)이 원어를 파악할 수 있도록 되어 있다 - 편집자 주]. 물론 그런 성구사전을 활용하기 위해 우리가 히브리어나 헬라어를 반드시 배워야 하는 것은 아니다. 우리는 그저 성구사전이 제공하는 단어의 '정의'만 참고하면 된다.

나는 성경공부에 관한 한 성경주석의 가치보다 성구사전의 가치가 더 높다고 생각한다. 개인적으로 성경을 읽거나 그룹으로 성경을 공부하면서 '이 단어는 원어로 어떤 의미일까?' 하는 궁금증을 가져본 적이 있는가? 대부분의 사람들은 성경을 읽다가 어떤 단어를 만났을 때, '우리가 통상적으로 알고 있는 그런 의미이겠지!'라고 단정 짓고 그냥 넘어가는 버릇이 있다. 그것은 성경을 공부하는 사람이 취해야 하는 합당한 태도도 아니거니와 매우 위험한 태도이다.

물론 가장 안전한 방법은 원어의 의미를 직접 찾아보는 것이다. 히브리어나 헬라어가 아닌 제3의 언어로 번역된 성경을 읽는 것은 베일로 얼굴을 가리고 있는 신부에게 키스하는 것과 같다. 그런 경우 우리는 우리의 입술과 신부의 입술 사이에 놓여 있는 장애물을 최소화해야 한다. 물론 우리가 지금 갖고 있는 성경이 정확하고 믿을 만한 번역본이라는 사실은 의심할 여지가 없지만, 적어도 모든 번역본이 하나님께서 영감(靈感)을 불어넣어 기록하신 원문으로부터 한 걸음 떨어져 있는 게 사실이다.

원어의 정의를 활용하라

성경을 공부하는 사람은 다음과 같은 두 가지 문제에 직면하게 된다.

첫 번째 문제는, 원어상의 단어가 번역될 때 다양한 형태로 옮겨진 경우이다. 우리가 '사랑장'이라 부르는 고린도전서 13장이 그 대표적인 사례이다.

"사랑은 언제까지든지 떨어지지 아니하나 예언도 폐하고 방언도 그치고 지식도 폐하리라 … 온전한 것이 올 때에는 부분적으로 하던 것이 폐하리라 내가 어렸을 때에는 말하는 것이 어린아이와 같고 깨닫는 것이 어린아이와 같고 생각하는 것이 어린아이와 같다가 장성한 사람이 되어서는 어린아이의 일을 버렸노라"(고전 13:8,10,11).

이 구절에서 "떨어지다", "그치다", "폐하다"가 헬라어 원어로는 한 단어인데, 개역한글성경에는 이처럼 다양하게 번역되어 있다.

두 번째 문제는, 첫 번째 문제와 정반대되는 경우로서 원어로는 서로 다른 단어들이 번역될 때 동일한 단어로 옮겨진 경우이다.

예를 들어, '스올'(sheol), '하데스'(hades), '게헨나'(gehenna), '타타루스'(tartarus) 등 4개의 서로 다른 원어들이 개역한글성경에는 '지옥', '음부'로 번역이 되어 있다. 또한 집, 궁궐, 옥외의 뜰, 신성한 곳을 의미하는 4개의 서로 다른 원어들이 개역한글성경과 영어성경에는 '전'(temple)으로 번역되어 있다.

요한복음 21장에 일괄적으로 '사랑'이라 번역된 단어도 헬라어 원어로는 두 가지의 서로 다른 단어이다. 요한복음 21장을 보면 예수님이 베드로에게 "네가 나를 사랑하느냐?"라고 세 차례에 걸쳐 질문하시는 대목이 나온다. 베드로는 예수님의 처음 두 질문에 예수님이 사용하신 '사랑'이란 단어와 다른 단어를 써서 사랑한다고 대답했다. 그러자 예수님도 베드로의 대답에 보조를 맞추어 마지막으로 질문할 때에는 베드로가 사용한 단어를 써서 "네가 나를 사랑하느냐?"라고 물으셨다.

개역한글성경이든 영어성경이든 번역본을 읽으면 이런 부분을 놓칠 수밖에 없다. 그러나 성구사전이 제공하는 원어의 정의를 잘 활용하면 그러지 않아도 된다.

성구사전과 원어사전을 이용한 의미의 재구성

성경에 나오는 단어를 성구사전에서 찾으려면 일반 사전에서 단어를 찾는 것처럼 '가나다' 순서로 찾으면 된다. 성구사전에서 '복' 항목을 찾아 그에 해당되는 구절들의 목록 일부를 다음에 제시했다.

이처럼 성구사전에서 '복' 항목을 찾은 뒤에 손가락으로 장(章) 숫자를 더듬어 내려가면서 당신이 찾고자 하는 단어가 어디에 있는지 조사하면 된다. 모든 성구사전의 목록이 장 순서대로 배열되어 있으므로 원하는 구절을 찾기가 어렵지 않을 것이다. 시편 119편 1절에 있는 '복'이라는 단어를 찾고자 했다면 맨 아래서 두 번째 줄에서 발견할 수 있을 것이다.

시	1:1	복 있는 사람은 악인의 꾀를 좇지 아니하며	835
	2:12	여호와를 의지하는 자는 다 복이 있도다	〃
	21:6	저로 영영토록 지극한 복을 받게 하시며	1293
	32:1	그 죄의 가리움을 받은 자는 복이 있도다	835
	2	여호와께 정죄를 당치 않은 자는 복이 있도다	〃
	33:12	하나님의 기업으로 빼신바 된 백성은 복이 있도다	〃
	34:8	그에게 피하는 자는 복이 있도다	〃
	37:22	주의 복을 받은 자는 땅을 차지하고	1288
	40:4	거짓에 치우치는 자를 돌아보지 아니하는 자는 복이 있도다	835
	41:1	빈약한 자를 권고하는 자가 복이 있음이여	〃
	2	저가 세상에서 복을 받을 것이라	833
	45:2	하나님이 왕에게 영영히 복을 주시도다	1288
	65:4	주의 뜰에 거하게 하신 사람은 복이 있나이다	835
	72:17	사람들이 그로 인하여 복을 받으리니	1288
	17	열방이 다 그를 복되다 하리로다	833
	84:4	주의 집에 거하는 자가 복이 있나이다	835
	5	그 마음에 시온의 대로가 있는 자는 복이 있나이다	〃
	112:1	그 계명을 크게 즐거워하는 자는 복이 있도다	〃
	2	정직자의 후대가 복이 있으리로다	1288
	115:15	너희는 천지를 지으신 여호와께 복을 받는 자로다	〃
	118:26	여호와의 이름으로 오는 자가 복이 있음이여	〃
	26	우리가 여호와의 집에서 너희를 축복하였도다	〃
	119:1	행위 완전하여 여호와의 법에 행하는 자가 복이 있음이여	835
	2	전심으로 여호와를 구하는 자가 복이 있도다 〃	

그렇다면 각 성경구절 뒤에 있는 숫자는 무엇일까? 성구사전에서 이 숫자를 '원어 코드'라고 하는데, 이것은 당신이 알고자 하는 단어에 해당하는 원어를 찾아주는 열쇠이다. 하지만 성구사전을 참조하다 보면 성경구절 뒤에 원어 코드가 없는 경우도 있다. 이는 성경 번역자가 명확한 의미 전달을 위해 원문에 없는 단어를 보충했으므로 그 단어에 해당하는 원어가 없다는 것을 의미한다.

이제 성구사전 뒤쪽에 있는 '원어사전'을 살펴보자. 대부분의 성구사전들이 책 뒷부분에 성경에 나오는 모든 단어의 원어와 그 의미를 정리해서 제공하고 있다. 사전을 폈으면 우리가 찾고자 했던 단어에 상응하는 원어 코드 '835'(시편 119편 1절의 "복"에 상응하는 원어 코드가 835번이다)를 더듬어 찾아보자. 아마 당신은 성구사전에서 다음과 같은 내용을 볼 수 있을 것이다(단, 성구사전의 종류에 따라 차이가 있다).

835. אֶשֶׁר **'esher**, 에쉐르; 833에서 파생; 행복; 남성명사. 복수. 감탄사로 해석될 때에는 '매우 행복하다!'라는 뜻: ~ 복이 있다, 행복하다.

이제 시편 119편 1절에 있는 "복"이란 단어의 원어와 그 의미가 무엇인지 알았을 것이다. 원어로는 '행복' 또는 '매우 행복하다!'라는 의미이다. 위 성구사전의 설명 맨 끝에 '~ 복이 있다, 행복하다'라고

된 부분은 이 단어가 성경의 다른 곳에서 '복이 있다'나 '행복하다'로 번역되어 있다는 것을 뜻한다. 이제 시편 119편 1절과 2절에 있는 단어들의 원어와 그 의미를 찾아보고, 성경에 있는 단어 대신에 성구사전이 제공하는 원어상의 의미들을 넣어 문장을 재구성해보기 바란다.

단어 어근의 의미에도 주목하라

성경공부에 깊이를 더하려면 당신이 학습하고자 하는 단어의 어근(語根)을 참조하라. 성구사전은 몇 가지 파생어의 뿌리가 되는 어근의 기본적이고 일반적인 의미를 제공한다.

앞에서 살펴본 원어 코드 835번의 히브리어는 833번의 히브리어에서 파생한 것이다. 성구사전에서 833번 항목을 찾아 제시했으니 참고하기 바란다. 이 단어의 다양한 의미 가운데 어떤 것이 시편 119편 1절의 문맥에 잘 어울리는지 분별력을 발휘하여 판단해보라.

833. אָשַׁר **'âshar**, 아샤르 혹은 אָשֵׁר **'âshêr**, 아샤레; 어근으로서 '곧다'의 뜻. 넓은 의미로는 '평평하다', '옳다', '행복하다'의 뜻으로 쓰이고 비유적으로는 '앞으로 가다', '정직하다', '번영하다'의 뜻으로 쓰임: ~ 축복하다, 복되다, 가다, 인도하다, 이끌다, 구하다.

우리는 성구사전이 제공하는 정보를 통해 시편 119편 1절의 "복"의 어근이 되는 히브리어가 '곧다', '옳다', '행복하다', '앞으로 가다', '정직하다', '번영하다' 등의 의미를 갖고 있다는 것과 이 단어가 성경에서 '축복하다', '복되다', '가다', '인도하다', '이끌다', '구하다' 등으로 번역되어 있다는 것을 알 수 있다.

한편 인터넷을 통해 원어의 의미를 알고자 하는 사람은 대한성서공회(www.bskorea.or.kr)나 한국컴퓨터선교회(www.kcm.kr)에 들어가서 온라인사전을 활용하라. 검색을 실행하면 당신이 알고자 하는 단어의 어의(語義)를 알 수 있다.

나만의 증보판 만들기

내가 가장 좋아하는 성경공부 방법 중 하나는 성구사전이 제공하는 원어의 정의를 활용하여 나름대로의 '증보판'을 만들어보는 것이다. 다음에 성구사전이 제공하는 단어의 원어상의 정의를 참조하여 잠언 1장 5절에 나오는 핵심 단어들에 부연 설명을 달아보았다. 나는 성구사전이 제공하는 단어들을 염두에 두고 어떤 구절을 나름대로 구성한 뒤에 원래 성경에 기록된 문장과 내가 구성한 문장을 서로 비교하면서 다시 써보곤 한다.

지혜 있는 자는 듣고 학식이 더할 것이요 명철한 자는 모략을 얻을 것이라(잠 1:5).

- 더하다 : 추가하다, 확장하다, 어떤 일을 계속하다.
- 듣다 : 순종할 마음으로 주의 깊게 듣다.
- 명철한 : 정신적으로 독립하는 것, 분별하는 것, 인지하는 것.
- 모략 : 좋은 충고, 지침, 조타수(操舵手), 단단히 감다, 맹세로 결속하다.
- 사람 : 원어의 의미가 나와 있지 않음. 이는 번역자가 명확한 의미 전달을 위해 원본에 없는 말을 삽입했다는 것을 의미함.
- 얻다 : 세우다, 만들다, 구매하여 획득하다, 소유하다.
- 지혜 있는 : 총명한(지식), 능숙한(능력), 솜씨 좋은(아름다움, 우아함).
- 학식 : 외부로부터 받아들인 어떤 것(어근의 의미 : 취하다).

앞의 내용을 바탕으로 성구사전의 정의를 활용하여 잠언 1장 5절의 증보판을 구성해보면 다음과 같을 것이다.

"지혜로운(총명한, 능숙한, 솜씨 좋은) 사람은 주의 깊게(순종하고자 하는 마음으로) 들어 학식(외부로부터 받은 것, 취한 것)을 더할(계속 증대시킬) 것이요, 명철한(정신적으로 독립할 수 있고 분별할 수 있는) 사람은 지혜로운(총명한, 능숙한, 솜씨 좋은) 모략(맹세로 결속한 것처럼 또는 단단히 감긴 밧줄처럼 사람을 이끌어주는 좋은 충고)을 얻을(조달하여 소유할) 것이다."

또한 성구사전을 활용하면 특정한 히브리어 원어나 헬라어 원어가 성경의 다른 곳 어디에 또 쓰였는지 알 수 있다. 예를 들어, 창세기 6장 14절에 나오는 "역청"이라는 단어를 성구사전에서 찾아보자. 그러면 우리는 이 단어에 해당하는 히브리어 원어가 '카파르'(kaphar)인 것을 알 수 있다. '카파르'가 "덮개"라는 의미를 갖고 있기 때문에 제단에서 속죄제를 드리는 장면에 이 단어가 거의 공통적으로 사용되고 있다.

만일 성경책 이외에 다른 책을 딱 2권만 갖고 성경공부를 해야 한다면 나는 일단 성구사전을 택하겠다. 나머지 다른 한 권은 무엇이냐고? 그에 대해서는 다시 상세히 설명하기로 하겠다.

말씀에 대한 통찰력이 생긴다

당신이 평소 가장 좋아하던 성경구절 하나를 택하여 그 안에 있는 핵심 단어들의 의미를 성구사전에서 찾아보라. 성구사전이 없다면 임시방편으로 일반 사전을 사용해도 좋다. 그런 다음 사전에서 찾은 단어들의 정의를 서로 연결하여 성경구절을 재구성해보라.

성경에 나오는 단어들의 원어상의 의미를 파악하여 부연 설명하는 작업은 성경 말씀을 묵상하기 위한 가장 좋은 방법이다. 이런 작업을 거듭하다보면 말씀에 대한 놀라운 통찰력을 갖게 되는데, 자신의 이런 모습에 당신은 뿌듯함을 느낄 것이다.

그리고 우리는 이런 작업을 통해 뜻밖의 혜택도 얻게 된다. 어떤 구절에 나오는 단어들의 원어상의 의미를 찾아 나름의 성경구절을 구성하는 과정에서 자연스럽게 그 구절을 암송하게 되기 때문이다.

최선의 도구를 활용하는 성경공부

가위로 마당의 잔디를 깎아본 적이 있는가? 칫솔로 거실 바닥을 청소해본 적이 있는가? 작업에 맞는 도구를 택해야 능률도 오르고 속도도 빨라진다. 성경공부의 경우도 마찬가지이다. 성경공부에 도움을 주기 위한 보조 자료들은 많다. 그러나 적절한 보조 수단을 선택하는 것이 중요하다.

하나님께서는 성경을 통해 우리가 이해할 수 있는 언어로 우리와 소통하신다. 그러나 이것이 우리가 말씀의 의미를 올바로 파악하기 위해 노력하지 않아도 된다는 것을 의미하는 것은 아니다. 하나님께서는 그저 무료함을 달래기 위해 아주 가끔 성경을 뒤적이는 사람들에게 하나님의 진리를 나누어주는 분이 아니시다.

성경의 중대한 진리를 깨닫는 일은 바닷가재 요리를 먹는 것과 같아, 힘써 수고하여 단단한 껍질을 벗겨내야 그 안에 있는 보드라운 살을 먹을 수 있다. 껍질을 벗기는 게 귀찮은 사람은 바닷가재 요리를 먹을 수 없을 뿐만 아니라 먹을 자격도 없다.

나는 앞에서 성경 이외에 다른 두 책만 갖고 성경을 공부해야 한다면 한 권은 주저 없이 성구사전을 택하겠다고 말했다. 이제 다른 한 권에 대해 언급할 차례이다. 성구사전과 더불어 효과적인 성경공부를 위해 반드시 필요한 도구는 바로 '성경사전'이다.

1차 쪽지 시험

다음에 제시한 단어들은 모두 성경에서 뽑은 것들이다. 이 20개의 단어들 중에 뜻을 아는 것은 몇 개인가?

- ☐ 올응
- ☐ 아달
- ☐ 기슬르
- ☐ 아닥사스다
- ☐ 수산
- ☐ 할례
- ☐ 음탕
- ☐ 정욕
- ☐ 영벌
- ☐ 아빕
- ☐ 분봉왕
- ☐ 엘룰
- ☐ 시브
- ☐ 불(Bul)
- ☐ 담무스
- ☐ 시완
- ☐ 데벳
- ☐ 에다님
- ☐ 니산
- ☐ 스밧

뜻을 아는 단어가 15개 이상이라면 당신은 성경 세미나에서 강연을 해도 좋을 것이고, 10~14개라면 장년 성경공부 반을 수석으로 수료할 자격이 있고, 0~9개라면 보통 수준이다.

아는 사람은 알겠지만, 이 20개의 단어들 가운데 절반은 서로 공통점을 갖고 있다. 그 공통점은 동물이나 채소나 광물 이름도 아니고 인명(人名)이나 지명(地名)도 아니다.

앞의 20개의 단어들 가운데 11개는 유대인의 '월'(month)을 나타내는 명칭이다. 일반사전도 성경을 공부하는 데 어느 정도 도움을 주지만, 이 단어들처럼 성경에서 독특하게 발견되는 특수하고도 까다로운 용어들에 대해서는 많은 도움을 주지 못한다.

성경사전의 필요성

좋은 성경사전은 다음과 같은 것들에 대한 상세한 설명을 제공한다.

- ☐ 성경에 나오는 2,930명의 인물들
- ☐ 1,551개의 지명
- ☐ 그 밖에 뜻을 알기 어려운 단어들

성구사전이 단어나 인명이나 지명의 원어상의 의미만을 밝혀주는 반면, 성경사전은 '소형 백과사전'으로서 각각의 항목에 관련된 다양한 정보를 상세히 제공한다. 시중에 다양한 종류의 성경사전이 나와 있으니 서점에 나가 천천히 둘러보며 신중히 선택하기 바란다.

아마 당신은 앞서 제시한 20개의 단어들을 성구사전에서 찾아 관련 구절들의 문맥을 읽어보면 유용한 정보를 얻을 수 있다고 말할지 모른다. 물론 그렇다. 하지만 그런 방법으로는 일반적인 단서만을 얻을 수 있을 뿐이지, 구체적인 정보는 얻기 힘들다.

앞서 나열한 20개의 단어들 중에서 "분봉왕"이라는 단어를 포함하고 있는 성경구절을 다음에 제시하겠다.

"디베료 가이사가 위에 있은 지 열 다섯 해 곧 본디오 빌라도가 유대의 총독으로, 헤롯이 갈릴리의 분봉왕으로, 그 동생 빌립이 이두래와 드라고닛 지방의 분봉왕으로, 루사니아가 아빌레네의 분봉왕으로, 안나스와 가야바가 대제사장으로 있을 때에 하나님의 말씀이 빈 들에서 사가랴의 아들 요한에게 임한지라"(눅 3:1,2).

우리는 이 성경구절의 문맥을 읽으며 "분봉왕"이 '어느 특정 지방을 통치하는 사람'을 의미한다는 사실을 알 수 있다. 그러나 누군가 당신에게 "분봉왕이 구체적으로 무엇을 하는 사람인가?"라고 물으면 뭐라고 대답하겠는가? 고대 마피아인가? 앞의 두 절을 읽음으로써 분봉왕에 대해 얼마나 많이 알 수 있는가?

2차 쪽지 시험

앞에 제시한 누가복음 3장 1, 2절을 다시 한 번 읽고 다음 질문들에 답하라.

- ☐ 디베료 가이사가 통치한 지 15년째 되던 해가 구체적으로 언제인가?
- ☐ 디베료 가이사는 주전(BC) 시대 인물인가, 주후(AD) 시대 인물인가?
- ☐ 디베료 가이사가 누구인가?

- ☐ 그는 어디를 통치했는가?
- ☐ 본디오 빌라도는 누구인가?
- ☐ 유대는 어디를 말하는가?
- ☐ 유대 총독은 얼마나 중요한 사람이었나?
- ☐ '헤롯'이란 이름을 가진 인물들이 성경에 여럿 등장하는데, 이 구절에 나오는 헤롯은 그 가운데 누구를 말하는가?
- ☐ 분봉왕은 갈릴리에서 무엇을 했는가?
- ☐ 갈릴리는 어디를 말하는가?
- ☐ 빌립은 누구인가?
- ☐ 이두래와 드라고닛은 어디를 말하는가?
- ☐ 루사니아는 누구인가?
- ☐ 이 구절에 나오는 분봉왕들은 같은 패인가?
- ☐ 아빌레네는 어디를 말하는가?
- ☐ 안나스와 가야바는 부부인가?
- ☐ 이 구절에 등장하는 요한은 사도 요한인가, 세례 요한인가?
- ☐ 이 구절에 등장하는 사가랴는 구약의 스가랴서를 기록한 사람인가?
- ☐ '빈 들'은 구체적으로 어디를 가리키는가?

아마 대부분의 사람들이 한두 가지 질문에만 대답할 수 있을 뿐 나머지 질문들은 멍한 표정으로 바라볼 것이다. 그렇다면 성경사전을 찾아보라. 그러면 이 질문들에 대한 상세한 답을 얻을 수 있을 것이다.

그렇다고 우리가 소설을 읽는 것처럼 성경사전을 처음부터 끝까지 읽을 수는 없는 노릇이다. 그랬다가는 성경의 전체 줄거리도 파악하지 못한 채 성경공부를 금세 포기하고 말 것이다. 성경사전은 우리가 성경을 읽다가 의문점이 생겼을 때 그것을 시원하게 해소해주는 해결사이지, 기승전결에 따라 이야기가 전개되는 소설책이 아니다.

당신은 성경사전을 구비하고 있는가? 그렇지 않다면 허리띠를 졸라매고 용돈을 절약하든지, 생일이나 기념일을 맞이하여 받고 싶은 선물 목록에 '성경사전'으로는 써놓든지 하여 반드시 성경사전을 구비하도록 하라(한글로 된 성경사전은 《아가페 성경사전》, 《IVP 성경사전》, 《라이프 성경사전》 등을 보라 - 편집자 주). 혹 당신이 성경 백과사전을 갖고 있다

면(한 권으로 된 것이든 세트로 된 것이든), 성경사전보다 훨씬 더 좋은 자료를 갖고 있는 것이니 성경사전을 따로 구입할 필요는 없다. 성경 백과사전과 성경사전의 차이점이 있다면, 전자가 훨씬 더 비싸고 두께가 두껍고 상세한 정보를 제공한다는 것이다.

격차를 줄여라

성경을 공부할 때는 실제 사건이 발생한 시점과 그것을 기록한 시점과 그 기록을 읽는 시점 사이의 격차를 충분히 고려해야 한다. 이런 격차는 다음 4가지로 분류할 수 있다.

□ 시간적 격차

모세는 지금으로부터 3,400년 전에, 아니 그보다 수천 년 전에 발생한 사건들에 대해 기록했다. 또한 신약성경의 사건들은 지금으로부터 최소한 1,900년 전에 발생했다.

□ 언어적 격차

성경은 본래 히브리어와 헬라어와 아람어로 기록되었다. 이것을 현재 우리가 각 나라의 언어로 번역하여 사용하고 있는데, 혹자들은 우리가 사용하고 있는 번역본들이 너무 오래 전에 나온 것이라 [영어성경을 대표하는 흠정역 성경(KJV)은 1611년에, 개역한글성경은 1952년에 발행되었다 -

역자 주) 현대적 감각을 살려 언어의 격차를 줄여줄 새로운 번역본이 필요하다고 목소리를 높이고 있다(최근 개역한글성경이 개역개정역으로 새롭게 번역되었다).

□ **문화적 격차**

성경에 나오는 사건들은 우리와 다른 풍습의 중동 문화를 배경으로 한다.

□ **지리적 격차**

성경에 기록된 대부분의 사건들은 우리가 보기는커녕 들어보지도 못한 고대 근동 지방의 다양한 장소에서 발생했다.

요나서를 다시 읽으면서 이런 격차들 때문에 생소할 수밖에 없는 단어들(요나, 니느웨, 다시스, 제비뽑기 등)을 간략히 기록한 다음, 각각의 단어를 성경사전에서 찾아보라. 어떤 성경사전을 참조하든지 간에 당신은 니느웨의 규모와 그 막강한 힘에 깜짝 놀랄 것이다.

니느웨는 그 근교의 반경이 50킬로미터가 넘었다. 당시 사람들이 하루에 도보로 여행할 수 있는 거리가 16킬로미터 정도였다는 점을 감안할 때, 이것은 성인이 사흘을 꼬박 걸어야 하는 거리였다. 니느웨는 연장 15킬로미터에 달하는 높은 벽(높이 10미터)으로 둘러싸여 있었고, 그 벽 위에는 100개가 넘는 망루가 설치되어 있었으며, 티그리스강이 천연의 해자(垓字) 역할을 했다.

또한 그 벽의 너비가 15미터에 달했기 때문에 니느웨 백성은 그 위에서 곡식을 재배할 수 있었고, 성벽 위에서 서너 대의 병거를 나란히 몰 수 있었다. 요나 시대에 니느웨 중심부의 인구만 60만 명에 달했다. 하나님께서 이스라엘 선지자의 몇 마디 말로 굴복시킨 니느웨는 그렇게 강성하고 자신만만한 도성이었다.

성경사전에서 앗수르(아시리아)나 니느웨(앗수르의 수도)를 살펴보면, 앗수르가 당시 세계의 맹주로서 패권을 휘둘렀고 그 병사들이 무척이나 잔인했다는 사실을 알 수 있다. 그들은 주변 민족들의 증오와 두려움의 대상이었다. 아슈르바니팔(앗수르의 왕)은 전쟁 포로들의 손과 입술을 도려냈으며, 디글랏 빌레셀 3세는 피정복민의 살가죽을 산 채로 벗기고 그들의 해골을 산더미처럼 쌓아 막강한 권력을 과시했다.

만약 앗수르 병사들이 당신 가족의 가죽을 산 채로 벗기는 장면을 당신이 직접 보았다면, 앗수르의 군대장관이 유프라테스강 유역으로 이사하라고 명령하거나 이방인과 결혼하라고 명령할 때 당신은 도저히 저항할 수 없었을 것이다.

하나님께서 요나에게 "가서 그 성읍에 대고 외쳐라!"라고 명하셨던 도시 니느웨가 바로 그런 곳이었다. 물론 이런 사실이 요나의 도피를 정당화하는 것은 아니지만, 그가 니느웨로 가기를 몹시 주저한 까닭을 어느 정도는 이해할 수 있을 것이다.

성경의 인명 지명과 친해져라!

성경사전에서 인명이나 지명을 찾아 읽다보면 생소한 것은 둘째 치고 발음하기조차 어려운 이름을 가진 사람들(아닥사스다, 느부갓네살, 마할랄렐, 아르박삿, 스룹바벨 등)에 대해 익숙해질 뿐 아니라 그들이 실존 인물이라는 사실을 깨닫고 위안을 얻을 것이다. 나중에 천국에 가서 당신이 이들 가운데 몇 사람을 만났을 때 생전 처음 듣는 이름인 것처럼 행동한다면 그들이 얼마나 당황하겠는가?

그리고 성경에 나오는 여러 도시의 이름이나 지명에 대한 감각을 익히면 '아드라뭇데노', '아벨벧마아가', '알몬디블라다임', '아다롯', '아스마웻' 같은 지명에 대해 들어도 불안하지 않고 편안해진다.

더욱이 성경에 나오는 인물들의 이름의 의미를 찾아보면, 그 인물들이 현존하는 것처럼 생생하게 다가오고 또 그들의 이름을 외우기가 훨씬 더 수월해진다. 성경에 나오는 인물들의 이름에는 그들의 성격이나 생애에 관한 주요 정보가 담겨 있다.

예를 들어, "아브람"이라는 이름은 '높여진 아비'라는 뜻인데, 하나님께서 그의 이름을 '열국의 아비'라는 뜻의 "아브라함"으로 바꾸어 주셨다. 그의 아내의 이름은 '다투기 좋아하는'이란 뜻의 "사래"에서 '왕비'란 뜻의 "사라"로 바뀌었다. 그의 아버지 "데라"의 이름은 '달의 신'이란 뜻이고, 조카 "롯"의 이름은 '자갈돌' 혹은 '작은 나뭇조각'이라는 의미이다. 그들은 본래 '불'이란 의미를 가진 "우르" 지방에서 살다가 '낙타 상인들의 길'이란 뜻의 "하란"으로 이주했다.

사람들 이름이 많이 나오는 성경구절에 인명 대신에 그 이름의 의미를 넣어 읽으면 성경을 읽는 일이 마치 존 번연의 《천로역정》을 읽는 것처럼 더욱 흥미로워진다.

"데라가 그 아들 아브람과 하란의 아들 그 손자 롯과 그 자부 아브람의 아내 사래를 데리고 갈대아 우르에서 떠나 가나안 땅으로 가고자 하더니 하란에 이르러 거기 거하였으며"라는 창세기 11장 31절의 문장을 이런 식으로 읽으면 다음과 같은 문장이 될 것이다.

"'달의 신' 옹(翁)이 그 아들 '높여진 아비' 씨와 손자 '자갈돌' 군과 며느리 '다투기 좋아하는' 여사를 데리고 '화염' 지방을 떠나 '낙타 상인들의 길' 지방에 이르러 거기 거하였으며 …."

진짜 《천로역정》을 읽는 듯한 느낌이 들지 않는가? 이런 식으로 성경을 읽으면 간혹 접하게 되는 지루한 족보 부분도 무척 흥미로워진다. 당신 이름이 성경 족보에 올라 있는데 사람들이 그냥 무시하고 넘어간다면 무척이나 섭섭하지 않겠는가?

그 밖의 성경 도구들

당신의 성경공부를 도와줄 다른 유용한 자료들도 있다.

- [ ] **성경 핸드북**

일종의 '소형 주석'으로서 성경 66권이 책과 장 순서로 배열되어 요점이 간추려져 있고 주요 사항들에 대한 설명이 있다.

- [ ] **성경지도**

성경 시대 지도, 사진, 역사 정보 등을 천연색으로 제공한다.

- [ ] **성경주석**

말 그대로 성경 각 구절과 단어들을 매우 꼼꼼하게 주해(註解)한 책이다.

한 손에 성경을, 한 손에 연장을

당신이 "모든 성경은 하나님의 감동으로 된 것으로 교훈과 책망과 바르게 함과 의로 교육하기에 유익하니"(딤후 3:16)라는 말씀을 진정으로 믿는다면, 성경에 나오는 단어들을 자신에게 꼭 필요하며 중요한 것으로 여길 것이다. 하나님께서 출판사와의 계약 때문에 하나님이 저술한 책에 불필요한 이름들을 마구 집어넣어 책의 분량을 늘리신 것이 결코 아니다!

그러니 성경공부를 더 이상 미루지 말고 지금 당장 시작하라. 앞서 제시한 성경 도구들을 다 구비하고 있든지 아니면 한두 가지만 갖고 있든지(국어사전 하나만 달랑 있더라도), 지금 즉시 성경에서 한 구절이나 한 단락을 택하여 핵심 단어들을 찾아보라. 성경 단어들의 경이로운 세계를 직접 체험해보라!

05

암송 내비게이션

인생의 어두운 밤길에서 말씀의 헤드라이트가 진가를 발휘한다

말씀으로 우리 마음을 새롭게 하는 것의 중요성

성경 말씀을 더욱 정확히 암송하기 위해 검증된 기법들

말씀을 마음에 간직하기

사람은 하루에 보통 18,000개의 단어를 말한다. 이것은 50쪽짜리 책 한 권을 채울 수 있는 분량이다. 이런 식으로 계산하면 우리는 일 년에 800쪽짜리 책 25권을 쓰고도 남을 만큼의 말을 하는 셈이다. 우리는 생애의 13년을 '말하는 데' 보낸다.

당신 자신의 언어생활에 만족하는가? 사고 습관에 대해서는? 당신 자신에 대해서는? 하나님과의 관계에 대해서는? 어떤 말을 해놓고 '내가 왜 그런 말을 했지?' 하고 후회한 적은 없는가? 기도하려고 할 때마다 온갖 잡념이 떠오르는 까닭에 애를 먹지는 않는가? 성경을 읽거나 기도할 때 집중하기 어렵지 않은가? 왜 우리의 생각은 '하나님의 생각'을 닮아가지 못하는 것일까? 왜 우리의 손과 발은 하나님의 뜻을 행하는 곳에 이르지 못하는 것일까?

잠재의식의 지배

다음의 그림을 잘 보라. 빙산의 일각(一角)만이 수면 위로 돌출되어 있고 나머지 부분은 수면 아래 감추어져 있다. 이처럼 우리의 정신(精神)도 두 부분으로 나눠져 있다. 의식의 영역은 작고 좁으나 잠재의식의 영역은 무한히 넓다. 잠재의식은 '무의식'과는 다르다. 그것은 하루 24시간 동안 깨어서 활발하게 작동한다.

시카고의 어떤 은행 전산실에는 "쓰레기를 넣으면 쓰레기가 나온다!"라는 문구가 적혀 있다. 정확한 데이터를 입력해야 정확한 결과를 얻을 수 있다는 뜻이다. 우리에게도 동일하게 적용되는 말이 아닐 수 없다.

우리 각자는 태어난 순간부터 '폐품 수집' 사무에 종사하게 된다. 우리가 오감(五感)을 통해 받아들인 모든 것이 잠재의식이라는 컴퓨터에 '저장'되어 '삭제'되지 않는다. 우리의 행위 대부분은 이 잠재의식에 의해 자동 제어된다. 자동차 운전을 예로 들어보자. 일단 운전이 익숙해지면 우리는 교본을 참고하지 않고도 운전할 수 있다.

우리의 반응 또한 이 잠재의식에 의해 자동 제어된다. 어떤 자극(누군가가 우리에게 던지는 말 같은 외부 요인)이 우리에게 주어지면, 우리의 잠재의식이 그것을 창고에 저장되어 있던 관련 데이터와 재빨리 연결하여 신속히 반응을 보이는 것이다!

특히 우리의 혀는 두레박과 같아 외부로부터 어떤 자극이 주어지면 즉각 잠재의식의 우물로 내려가 거기 고여 있는 것을 길어 올린다(잠 4:23 ; 막 7:20-23 ; 눅 6:43-45 ; 약 4:1).

잠재의식 창고에 하나님 말씀을 저장하는 방법

그러나 우리는 우리의 마음을 깨끗이 청소할 수 있다. 온갖 지저분한 잡동사니로 가득 찬 우리의 마음을 씻어낼 수 있는 유일한 세척제는 바로 '하나님 말씀'이다(시 119:9-11 ; 롬 12:1,2 ; 엡 4:22-24,5:25-27). 그런데 성경 말씀으로 우리 마음을 세척하는 이 작업은 그리 간단하지가 않다. 하나님 말씀을 그저 우리 마음에 가득 집어넣는다고 깨끗하게 청소되는 것이 아니기 때문이다.

우리가 아무리 자주 성경을 본다고 해도 우리의 힘으로 하나님 말씀을 우리 마음에 채우는 것은 불가능하다. 그러나 성령님은 그 말씀 몇 마디만으로도 능히 우리의 마음을 세척하실 수 있다.

"하나님의 말씀은 살았고 운동력이 있어 좌우에 날선 어떤 검보다도 예리하여 혼과 영과 및 관절과 골수를 찔러 쪼개기까지 하며 또 마음의 생각과 뜻을 감찰하나니"(히 4:12).

그러면 하나님 말씀으로 우리 마음을 세척하려면 어떻게 해야 할까? 더러운 쓰레기로 가득한 우리의 잠재의식이라는 거대한 창고에 하나님 말씀을 저장하면 된다. 그런데 잠재의식의 거대한 창고에 하나님 말씀을 저장하려면 어떻게 해야 할까? 말씀을 읽고 공부하고 묵상하고 암송할 뿐만 아니라 실생활에 적용해야 한다. 그럴 때 비로소 하나님 말씀이 잠재의식 창고에 저장되고, 그 안에 있는 쓰레기들의 정화 작업이 시작되어 절제 있는 말과 행동을 열매로 내놓을 것이다. 우리 마음을 잘 보살피고 먹이려면 이처럼 하나님 말씀을 의욕적이고 적극적으로 섭취해야 한다.

기억하라 – REMEMBER

하나님께서는 '우리의 유익을 위해' 성경을 부지런히 암송하고 묵상하라고 명령하신다(신 6:4-6,11:18 ; 수 1:8 ; 잠 7:1,3 ; 골 3:16).

우리가 말씀을 암송할 때 하나님께서 주시는 몇 가지 유익이 있다.

☐ 죄에 대한 승리(시 119:1-11)

☐ 기도할 때의 도움(요 15:7)

- ☐ 영적 성장(시 1:2)
- ☐ 삶의 지혜와 슬기(시 119:97-100)
- ☐ 내적 기쁨(렘 15:16)
- ☐ 여러 가지 질문에 대한 대답(벧전 3:15)
- ☐ 마음의 변화(롬 12:1,2)

성경구절을 암송하는 것은 우리의 영적 건강에 매우 유익한 일이다. 그러나 많은 사람들이 성경구절을 암송하기 위한 최선의 방법을 잘 모르는 것 같다. 하지만 반드시 기억하라. '기억하라!'(REMEMBER)라는 이 합체 형식의 영어 단어 여덟 자(字)만 잘 기억하면 성경을 빠르고 쉽게 암송하기 위한 방법을 익힐 수 있다.

- ☐ Reach for a definite goal 목표를 정확히 설정하라
- ☐ Expect God's help 하나님의 도우심을 기대하라
- ☐ Make cards for review 복습카드를 만들어라
- ☐ Emphasize the meaning 의미를 강조하라
- ☐ Meditate on Scripture 말씀을 묵상하라
- ☐ Beware of mental garbage 쓰레기를 조심하라
- ☐ Enlist help 도움을 구하라
- ☐ Review, review, review 복습, 복습, 또 복습하라

목표를 정확히 설정하라 – Reach for a definite goal

첫째, 특정 기간 동안에 얼마만큼의 분량을 암송할 것인지 정하라. 그리고 크게 잡은 목표를 다시 구체적으로 세분하라. 1개월 동안 8구절을 암송하기로 했다면 일주일에 2구절을 암송해야 할 것이다. 만약 빌립보서를 일 년 동안 암송하기로 정했다면, 빌립보서가 총 104절로 이루어져 있으니까 일주일에 2구절씩 암송하면 될 것이다.

어디서부터 시작할지 막막하다면 60,61쪽 각 주제별 주요 장(章)들을 참조하여 시작하라. 물론 성경의 모든 장과 절이 다 중요하지만, 우리 삶의 다양한 굴곡과 상황에 딱 들어맞는 특별한 가치와 유용성을 지니는 말씀이 있다.

언젠가 한 친구가 나와 내 아내에게 야고보서를 통째로 암송해보라고 권한 적이 있다. 물론 우리 부부는 "말도 안 돼!"라며 그냥 지나갔다. 우리가 야고보서를 통째로 암송할 만한 지적 능력을 갖고 있지 않다고 생각했기 때문이다.

당시 우리는 성경을 일주일에 한두 구절만 암송하면 그것이 쌓이고 쌓여 오랜 기간이 지났을 때에는 마침내 한 권을 통째로 외우게 된다는 평범하고도 놀라운 사실을 전혀 알지 못했다. 아무튼 그 친구는 일 년 계획을 세우면 야고보서를 암송할 수 있으니 도전해보라고 적극적으로 권했다. 야고보서가 총 108절로 구성되어 있으니까 일주일에 2구절씩만 외우면 일 년 동안 충분히 암송할 수 있다는 것이었다.

마침내 우리 부부는 그 친구의 도전을 받아들였다. 성경 한 권을 통째로 외운다고 생각했을 때는 그저 막막하고 또 '과연 해낼 수 있을까?' 하는 의심이 앞섰지만, 일주일에 2구절을 암송하는 것은 그리 어렵지 않았다.

그렇게 일 년이 지났을 때, 놀랍게도 나와 아내는 야고보서를 통째로 암송했다! 우리는 그 과정을 통해 '야고보서'라는 얇은 책이 우리 생활과 아주 밀접한 관련이 있다는 사실을 새삼 깨달았다.

아마 혹자는 "이왕 말씀을 암송하는 거, 하루에 한 구절씩 암송하거나 적어도 일주일에 서너 구절은 암송해야 하지 않겠소?"라고 말할지

모른다. 물론 그 정도의 분량도 부담스럽게 느껴지지는 않겠지만, 성경구절을 암송하는 이 과업에는 '복습'이라는 과제가 뒤따르므로 목표를 과도하게 설정하는 것은 바람직하지 않다.

다른 사람들이 정신적으로나 영적으로 하는 일을 따라 하려고 애쓰지 말라. 다른 사람들의 계획은 당신의 능력과 필요에 비해 지나치게 가벼울 수도 있고 버거울 수도 있다. 특정 기간 동안 당신이 얼마만큼의 분량을 암송하기 원하시는지 알려달라고 하나님께 구하라. 하나님께서 자신에게 개인적으로 지시하신 일을 수행하면 다른 때 느낄 수 없었던 특별한 기쁨을 체험할 수 있다. 그런 기쁨이 당신의 것이 될 수 있다!

우리를 낙심하게 만드는 가장 주된 요인 중에 하나가 바로 다른 사람과 자신을 비교하는 것이다. 많은 성도들이 성경구절을 암송하는 이 귀한 과업을 충실하게 수행하다가도 짐짓 잘난 체하는 사람들을 만나 몇 마디 이야기를 나누면 금세 풀이 죽어 착실하게 끌어왔던 리듬을 잃고 만다. 그러나 이제 그러지 말자! 어떤 사람이 당신보다 더 빨리 더 많은 분량을 암송한단들 어떠랴! 그들이 양(量)으로 승부한다면 당신은 질(質)로 승부하면 되지 않는가!

성경 암송에도 다양성을 기하는 것이 좋다. 나는 때로 특정 주제와 관련된 장을 암송하기도 하고, 또 때로는 성경 66권 가운데 한 권을 통째로 암송하기도 한다.

하나님의 도우심을 기대하라 – Expect God's help

성경 말씀을 암송하는 일은 장기간의 수고와 고도의 끈기를 요하는 귀한 과업이다. 따라서 암송을 유지할 수 있는 능력과 극기심을 주시는 성령님을 의지하라! 이를 위해 기도하라! 성령의 지배를 받는 사람이 맺는 열매 가운데 하나가 '절제'이다(갈 5:22,23).

'절제'에 해당하는 헬라어 원어는 '자아 통제력'을 뜻한다. 성령께서는 우리를 노예로 만드는 나쁜 습관과 죄의 속박에서 해방시켜 우리의 능력과 잠재력을 회복시키신다. 우리는 더 이상 규율이 없는 상태에 머물러 있지 않아도 된다. 절제는 자기 자신을 단련하는 것이다. 그리고 이것은 오직 하나님의 도우심으로만 얻을 수 있다.

예수님은 "그러하나 진리의 성령이 오시면 그가 너희를 모든 진리 가운데로 인도하시리니 … 그가 내 영광을 나타내리니 내 것을 가지고 너희에게 알리겠음이니라"(요 16:13,14)라고 말씀하셨다. 하나님께서 성령을 보내셔서 그 자녀들 안에 거하게 하신 까닭은 말씀을 깨닫고 기억하도록 도우시기 위함이다.

복습 카드를 만들어라 – Make cards for review

바쁜 일상에서 틈틈이 얻을 수 있는 '짬'이야말로 암기한 것을 복습하기 위한 최적의 시간이다. 열심히 공부하는 학생들은 '분배의 법칙'을 잘 활용한다. 그들은 시간을 약간만 투자하여 그날 배운 것을

그날 복습하는 것이 며칠 밤을 꼬박 새우며 벼락치기를 하는 것보다 훨씬 더 효율이 높다는 것을 잘 알고 있다. 물론 벼락치기 방법도 시험에서 낙제를 면하는 데는 도움이 되겠지만, 성경 말씀을 오래 기억하여 실생활에 적용하고자 하는 우리에게는 아무런 도움이 못 된다.

암송한 성경구절을 작은 카드에 적어 휴대하고 다니면 누구를 기다리거나 길을 가거나 일상의 다른 행위를 하는 시간에 수시로 꺼내 보며 점검할 수 있다. 이렇게 함으로써 암송한 구절들을 복습하는 작업이 매우 수월해진다. 혹은 복습 카드들을 거울이나 냉장고 등에 붙여 놓는 것도 암송하는 데 도움이 된다.

카드 한쪽 면에 성경구절의 내용을 기록하고 다른 쪽 면에 장절(章節)을 기록하면 양면을 보면서 복습할 수 있어 암송의 효율을 한층 더 높일 수 있다.

이제 성경구절을 암송하기 위한 방법 하나를 소개하겠다. 이 방법은 종이에 직접 쓰면서 암송하는 방법으로서 나의 실제 경험을 통해 검증된 것이니 믿어도 좋을 것이다. 어떤 사람은 성경책 한 면을 복사하여 사본 한 장을 들고 다니면서 암기한다. 그렇게 하면 휴대하기도 편하고 성경책의 얇은 종이가 쉽게 닳는 것을 방지할 수 있다는 이점이 있지만,

종이에 직접 쓰면서 암송하는 것보다는 암송의 효율이 크게 떨어진다.

우선 한 구절을 택하여 종이에 기록하라. 그런 다음, 성경을 보지 말고 이 구절을 기억나는 대로 다시 기록하라. 그렇게 했으면 조금 전에 기록한 문장을 참조하여 잘못된 부분을 수정하고 누락된 부분을 첨가하라. 완벽하게 암기할 때까지 이 과정을 반복하라. 이런 과정을 예닐곱 번 정도 반복하면 아무리 긴 문장도 쉽게 암송할 수 있다.

이스라엘에 왕이 생기기 오래 전, 하나님께서는 왕이 절대로 해서는 안 되는 3가지 일이 있다고 모세를 통해 이스라엘 백성에게 말씀하셨다. 그 3가지가 무엇인지 모르겠거든 신명기 17장 14–17절을 읽어보라. 솔로몬은 하나님께서 금하신 이 3가지 조항을 모두 어김으로써 결국 파멸에 이르고야 말았다(왕상 9-11장).

하나님께서는 이런 조항과 더불어 이스라엘의 왕들을 위한 중대한 '긍정 명령'('~하라'라는 명령) 한 가지를 반포하셨다. 그것은 바로 이스라엘의 왕위에 오른 사람은 하나님의 율법(여기서 '율법'은 구약성경 처음에 나오는 5권의 책은 아니더라도 최소한 신명기를 뜻했을 것이다. 이 시대에 복사기가 없었다는 점을 유념하라!)을 직접 베껴야 한다는 것이었다(신 17:18-20).

하나님께서는 성경을 직접 손으로 베끼는 것이 그냥 눈으로 읽는 것보다 하나님 말씀을 배우기 위한 훨씬 더 좋은 방법이라는 것을 잘 알고 계셨다. 그래서 이스라엘 왕들에게 하나님의 율법을 직접 베껴 매일 읽으라고 명하신 것이다.

의미를 강조하라 – Emphasize the meaning

그날 암송할 문장에 들어 있는 주요 단어의 뜻이 무엇인지 자문하라. 모르는 단어가 있거든 국어사전이나 성구사전이나 성경사전을 참조하여 낱말의 정의를 정확히 파악하라. 또한 어떤 구절의 의미를 이해하려면 그 구절의 앞뒤 문맥을 충분히 고려해야 한다는 점도 유념하라.

어떤 구절을 암기한 뒤에는 그 구절 안에 있는 단어들을 차례대로 강조하면서 여러 번 읽어라. 예를 들어, 빌립보서 4장 13절의 "내게 능력 주시는 자 안에서 내가 모든 것을 할 수 있느니라"라는 말씀을 암송했다면 다음과 같이 강조점에 변화를 주면서 암송할 수 있을 것이다.

내게 능력 주시는 자 안에서 내가 모든 것을 할 수 있느니라

내게 **능력 주시는 자** 안에서 내가 모든 것을 할 수 있느니라

내게 능력 주시는 자 **안에서** 내가 모든 것을 할 수 있느니라

내게 능력 주시는 자 안에서 **내가 모든 것을** 할 수 있느니라

내게 능력 주시는 자 안에서 내가 모든 것을 **할 수 있느니라**

성경구절을 큰 소리로 낭송하는 방법은 암기하는 데 탁월한 효력을 나타내고 암송한 것을 보존하는 데도 놀라운 효력을 나타낸다. 심리학자 알프레드 문저르트 박사는 우리가 어떤 정보를 접하고 사흘이 지났

을 때 어떤 수단으로 접했느냐에 따라 그 정보를 보존하는 능력이 다음과 같은 차이를 나타낸다고 발표했다.

- 읽기 : 10퍼센트
- 듣기 : 20퍼센트
- 보기 : 30퍼센트
- 보고 듣기 : 50퍼센트
- 공부하기 : 60퍼센트
- 큰 소리로 낭송하기 : 70퍼센트

그리고 그는 우리가 어떤 것을 직접 수행했을 때는 그것의 90퍼센트를 기억할 수 있고, 복습을 통해 암기했을 때는 100퍼센트를 기억할 수 있다고 덧붙였다.

말씀을 묵상하라 – Meditate on Scripture

성경 말씀을 효과적으로 암송하기 위한 또 하나의 좋은 방법은 암송하고자 하는 성경구절의 내용을 1인칭 기도로 바꾸어보는 것이다. 물론 성경의 모든 구절이 기도문으로 이루어져 있는 것은 아니지만, 어떤 구절이든 감사의 기도나 고백의 기도나 도움을 청하는 기도로 바꿀 수 있다.

예를 들어, 빌립보서 4장 13절을 암기하는 경우라면 "주님, 감사드립니다. 제게 능력 주시는 그리스도 안에서 제가 모든 것을 할 수 있게 된 것을 감사드립니다!"라고 기도하거나 "주님, 제게 능력 주시는 그리스도 안에서 제가 모든 것을 할 수 있게 도우소서!"라고 기도할 수 있을 것이다.

또한 하나님이 주신 그 말씀을 당신의 현재 삶에 어떻게 적용해야 할지 자문하라. 이런 경우에 당신은 다음의 3가지 구체적인 질문을 스스로에게 던질 수 있을 것이다.

- ☐ 하나님께서는 내가 이 말씀에서 무엇을 깨닫기를 바라실까?
- ☐ 하나님께서는 내가 이 말씀을 어떻게 받아들이기를 바라실까?
- ☐ 하나님께서는 내가 이 말씀을 통해 무엇을 하기를 바라실까?

쓰레기를 조심하라 – Beware of mental garbage

말씀이 우리 마음을 깨끗이 세척하도록 하되 우리 스스로 더러운 생각을 흡입하지 않도록 경계하는 것도 중요하다. 바울은 이렇게 말했다.

"종말로 형제들아 무엇에든지 참되며 무엇에든지 경건하며 무엇에든지 옳으며 무엇에든지 정결하며 무엇에든지 사랑할 만하며 무엇에든지 칭찬할 만하며 무슨 덕이 있든지 무슨 기림이 있든지 이것들을 생각하라"(빌 4:8).

이것은 우리를 지으신 창조주께서 주시는 지침이다! 우리는 우리가 생각하는 그런 훌륭한 인간이 아닐 수도 있지만, 나쁜 것을 생각하면 나쁜 인간이 되고 좋은 것을 생각하면 좋은 인간이 된다.

우리의 '마음'이라는 컴퓨터는 연상 원리에 의해 작동된다. 우리 마음은 어떤 경험을 반복하거나 어떤 자료에 노출될 때마다 그것에 한층 더 강력하게 반응하기 위한 원자로를 구축한다. 그러므로 일상에서 우리가 육욕적인 자료들을 계속 접하는 것은 스스로 시한폭탄을 제조하는 행위와 같다. 그 폭탄은 유혹의 순간에 강력하게 터질 것이며, 그 유혹은 (흡사 강풍이 오랜 세월 동안 썩어가던 거대한 나무를 넘어뜨리는 것처럼) 그 사람의 마음을 심히 쇠약하게 만들 것이다.

솔로몬은 청년들이 죄의 강력한 촉수를 피하려면 어떻게 해야 하는지 설명하는 대목에서 "무릇 지킬 만한 것보다 더욱 네 마음을 지키라 생명의 근원이 이에서 남이니라"(잠 4:23)라고 충고했다.

우리는 우리 마음에 들어와 세척 작용을 하는 하나님 말씀을 온전히 흡수해야 하는 동시에 우리 마음이 불순물에 오염되지 않게 의식적으로 노력해야 한다. 그러므로 우리는 읽을 수 있는 모든 글을 다 읽을 필요도 없고 귀에 들리는 모든 말을 다 들을 필요도 없다. 세상의 풍조를 따라 시대 흐름에 휩쓸리는 그리스도인이 되는 데는 특별한 노력이 필요하지 않아도 세상의 강(江)을 거슬러 헤엄치는 그리스도인이 되는 데는 강인한 의지와 노력과 기도가 필요하다.

어둠의 세력은 우리 마음을 정복하기 위해 전면전을 불사하고 있다. 이에 대해 무디(D. L. Moody)는 성경과 죄를 서로 견주어 "이 책이 당신을 죄로부터 지켜주든지 아니면 죄가 당신을 이 책으로부터 지켜줄 것이다"라고 말했다.

도움을 구하라 – Enlist help

솔로몬은 이렇게 말했다.

"두 사람이 한 사람보다 나음은 저희가 수고함으로 좋은 상을 얻을 것임이라 혹시 저희가 넘어지면 하나가 그 동무를 붙들어 일으키려니와 홀로 있어 넘어지고 붙들어 일으킬 자가 없는 자에게는 화가 있으리라 두 사람이 함께 누우면 따뜻하거니와 한 사람이면 어찌 따뜻하랴 한 사람이면 패하겠거니와 두 사람이면 능히 당하나니 삼겹 줄은 쉽게 끊어지지 아니하느니라"(전 4:9-12).

짐을 나누어 질 친구가 있으면 모든 것이 한층 더 수월해진다. 다른 사람과 함께하면 성경을 암송하는 과업을 더 빠르고 쉽게 완수할 수 있다. 물론 두세 사람이 언제나 함께 말씀을 암송하고 복습할 수는 없겠지만, 규칙적으로 만나 서로의 진척 상태를 점검하고 위로와 격려를 나눌 수는 있을 것이다. 이런 절차가 없다면 자칫 암송 과업이 시들해지고 이미 암기한 것조차 잊어버리기 쉽다. 혼자 말씀을 암송하는 사람들이 종종 빠지는 함정이 바로 그것이다.

공동의 목표를 추구하며 위로와 격려를 나눌 '영적 단짝'이 아직 없는가? 그렇다면 지금 당장 주께 간절히 구하라!

복습, 복습, 또 복습하라 – Review! review! review!

암송은 빨아도 줄지 않는 방축가공 천이 아니라 빨면 수축 정도가 매우 심한 옷감이다. 더욱이 시간이 지나면서 암송한 구절이 늘어나면 그 모든 구절을 당신의 두뇌에 담아놓기가 점점 더 부담스러워진다. 이에 대한 해결책은 규칙적인 복습밖에 없다. 어제 암송한 구절이 생

각나지 않아 갑자기 의욕 상실에 빠졌는가? 내 경험에 비추어볼 때, 어떤 구절을 완전히 내 것으로 만드는 데는 3, 4주 정도의 복습 과정이 필요하다. 그러나 당신은 이런 과업을 통해 그 시간과 수고에 합당한 보상을 받을 것이다.

당신은 아마 성경을 보지 않고도 요한복음 3장 16절을 암송할 수 있을 것이다. 이유가 무엇일까? 오래 전부터 수없이 듣고 말했기 때문이 아닐까? 이처럼 성경에 있는 어떤 말씀이든지 지속적인 관심을 갖고 반복하여 복습한다면 어렵지 않게 암송할 수 있을 것이고, 오랜 시간이 지나도 생생하게 기억할 수 있을 것이다.

어떤 구절을 온전히 내 것으로 만들어 장과 절만 들어도 그 내용을 술술 암송하게 되는 놀라운 현상은 지속적인 반복의 결과로만 발생한다.

오늘 하지 않으면 내일도 못 한다!

아직 '성경 암송'이라는 음식을 규칙적으로 먹고 있지 않다면 오늘부터 당장 먹기 시작하라. 오늘부터 당신의 인생을 새로 시작하라. 내년 이맘때쯤 성경을 술술 암송하는 자신의 모습을 보기 원한다면 오늘부터 시작하라.

성경이 너무 두꺼워 보인다고 겁먹지 말라. 당신이 고기를 아무리 좋아한다고 해도, 지금 당장 앉은자리에서 소고기 50킬로그램을 먹으라고 한다면 먹을 수 있겠는가? 하지만 일 년 동안 먹으라고 한다면 한 번에 한 입씩 꼭꼭 씹어 그 이상의 양도 충분히 먹고 소화시킬 수 있을 것이다.

하나님 말씀을 암송하는 것도 이와 마찬가지이다. 하루에 한 입씩 꾸준히 먹으면 일 년이라는 시간 동안 생명의 말씀을 충분히 먹고 영적으로 성장할 수 있다!

그러니 지금 당장 성경을 펴라! 이 귀한 과업에 함께할 친구를 구하라! 그리고 시작하라!

06

묵상 내비게이션

날마다 묵상하지 않는 사람은 기름 없이 달리는 차와 같다

-하나님을 따라 생각하기

- 하나님의 뜻을 아는 것과 행하는 것의 연결 고리가 되는 묵상

일상에서의 기도 장소

'이게 다 무슨 소용이지?'

성경공부나 기도나 교회 출석에 대해 이런 생각을 해본 적이 있는가? 이런 생각이 드는 까닭이 무엇일까? 영(靈)의 음식을 많이 먹긴 먹지만 충분히 소화시키지 못해 그것이 우리 마음과 삶에 영향을 끼치지 못하기 때문이다.

그렇다면 영의 음식을 먹긴 먹어도 제대로 소화시키지 못하는 이유는 또 무엇일까? 그 모든 것을 연결하는 고리 하나가 빠져 있기 때문이다. 그 고리가 바로 '묵상'이다. 성경 말씀이 우리 마음과 감정과 의지 안에서 생동하면서 작용하도록 해야만 우리가 그 말씀으로 변화될 수 있다. 우리는 단지 성경 말씀을 흡수하는 것에 만족해서는 안 된다. 매일 말씀을 읽거나 듣는다고 사탄을 물리칠 수 있는 것이 아니기 때문이다.

성경을 읽고 공부하고 암송하는 과업은 말씀이 우리 마음에 거주하게 도와준다. 그러나 하나님 말씀을 우리의 감정과 의지에 관련시켜서 우리의 행위와 결정에 실제적인 영향을 끼치게 하는 것은 묵상이 하는 일이다.

마음밭을 가꿔라

말씀을 묵상하는 것은 텃밭을 가꾸는 것과 같아 일단 준비된 땅에 씨앗을 뿌리고 물을 주고 잡초를 뽑아야 한다. 그렇게 해야만 마침내 신선한 채소를 먹을 수 있다.

이 책 2장부터 5장까지 설명한 4가지 방법(듣기, 읽기, 공부하기, 암송하기) 어느 한 가지로 하나님 말씀을 흡수하는 작업은 '말씀'이라는 씨앗을 우리 '마음'이라는 땅에 뿌리는 것과 같다. 물론 그전에 우리가 알고 있는 모든 죄를 자백하고, 버리고, 하나님 말씀으로 변화될 것을 기대함으로써 우리 마음의 밭이 씨앗을 잘 받아들일 수 있게 하는 과정이 선행되어야 할 것이다.

묵상은 물을 주고 잡초를 뽑는 과정과 같고, 적용은 채소를 따서 먹는 것과 같다. 그리고 마지막 단계에 따르는 중요한 결과는 우리가 얻은 채소를 다른 사람들과 나누는 것이다.

성경이 곧 당신의 기도서!

하나님 말씀을 묵상할 때 내가 가장 즐겨 사용하는 방법은 암송한 말씀 가운데 한 단락을 택한 뒤, 그 내용을 '1인칭 기도' 형식으로 변환하여 하나님께 아뢰는 것이다.

먼저 야고보서의 말씀을 읽어보자.

"하나님과 주 예수 그리스도의 종 야고보는 흩어져 있는 열두 지파에게 문안하노라 내 형제들아 너희가 여러 가지 시험을 만나거든 온전히 기쁘게 여기라 이는 너희 믿음의 시련이 인내를 만들어내는 줄 너희가 앎이라 인내를 온전히 이루라 이는 너희로 온전하고 구비하여 조금도 부족함이 없게 하려 함이라 너희 중에 누구든지 지혜가 부족하거든 모든 사람에게 후히 주시고 꾸짖지 아니하시는 하나님께 구하라 그리하면 주시리라 오직 믿음으로 구하고 조금도 의심하지 말라 의심하는 자는 마치 바람에 밀려 요동하는 바다 물결 같으니 이런 사람은 무엇이든지 주께 얻기를 생각하지 말라 두 마음을 품어 모든 일에 정함이 없는 자로다"(약 1:1-8).

그리고 이제 내가 이 구절을 토대로 구성한 1인칭 기도를 본래의 단락과 비교하며 읽어보기 바란다.

"하나님 아버지, 야고보 사도를 그리스도의 종으로 삼아주실 뿐 아니라 아버지의 종으로 삼아주신 것을 감사드립니다. 주님, 저도 다른 사람들에게 주님의 종으로 알려지고 싶습니다. 제가 주님이 주신 이 좋은 소식을 다른 사람들에게 전할 수 있게 도우소서.

제가 여러 시련을 만났을 때 그 모든 것을 기쁨으로 여기게 도우소서. 그리고 그런 때 믿음의 시련이 인내를 만들어낸다는 것을 깨닫도록 도우소서. 무슨 일을 당하든지 끝까지 인내하여 성숙해지도록 도우시고 조금도 부족함이 없는 온전한 사람이 되게 도우소서!

사랑하는 아버지, 지혜가 부족할 때 아버지께 구하면 된다는 것을 상기시켜주소서. 제 잘못을 지적하지 않으시고 지혜를 후히 주시는 주께 감사드립니다. 제게 문제가 생겨서 주께 지혜를 구했을 때 믿고 의심하지 않도록 도우소서. 바람이 불 때마다 이리저리 밀려 심히 요동하는 바다 물결처럼 되기를 원하지 않습니다. 대신 주께 구한 것을 얻고 싶습니다. 두 마음을 품어 모든 일에 갈피를 못 잡고 흔들리는 사람이 되기를 원하지 않습니다. 주 예수 그리스도의 이름으로 기도합니다. 아멘."

이처럼 성경구절을 1인칭 기도로 변환하면 하나님 말씀을 매우 생생하고도 절실하게 느낄 수 있다. 내 경험을 토대로 말하건대, 야고보서를 1인칭 기도로 변환하여 하나님께 아뢸 때, 이 편지가 고대의 사도가 오래전에 죽은 성도들에게 보낸 것이 아니라 내 앞에 서서 직접 전하는 메시지처럼 생동감 있게 다가올 뿐만 아니라 나의 감정 또한 하나님께서 이 말씀을 통하여 내게 말씀하고자 하시는 것들에 완전히 밀착되는 것을 경험할 수 있다.

1인칭 기도는 이미 암기한 구절을 토대로 드리는 것이 좋지만 반드시 그래야만 하는 것은 아니다. 지금 읽고 있는 단락이나 평소 즐겨 읽던 부분을 편 다음, 그 내용을 1인칭 기도로 바꾸어 하나님께 아뢰어도 좋다. 아마 많은 사람들이 이 새롭고도 의미심장한 성경읽기 방법에 흥미를 느낄 것이다.

당신의 성경이 기도서가 될 수 있다! 성경만 있으면 언제든지 당신은 기도할 수 있다. 아직 방법을 잘 모르겠다면 성경을 편 다음, 한 구절씩 큰 소리로 읽은 뒤, "이 구절을 저에게 주신 하나님께 감사드립니다!"라고 기도하면서 한 장이나 단락 끝까지 진행하라.

이 책을 더 읽어나가기 전에 아무 단락이든지 택하여 1인칭 기도로 바꾸어보라. 평소 좋아하던 말씀을 선택해도 좋고 내가 인용한 부분에 이어서 야고보서 1장 9절부터 시작해도 좋다.

말씀에 비추어 자신을 진단하라

하나님 말씀을 '나에게 직접 관계된 말씀'으로 받아들이기 위한 또 다른 묵상 방법은 자신에게 '○× 퀴즈'를 출제해보는 것이다. 아마도 지금까지 '○× 퀴즈'를 수없이 치러보았겠지만, 스스로에게 출제하기 위해 문제를 만들어본 적은 없을 것이다. 그것도 성경에서 말이다.

'○× 퀴즈'의 항목을 만들기는 그리 어렵지 않다. 그저 당신이 읽고 있는 부분이 당신에게 해당되는지 그렇지 않은지를 묻기만 하면 된다. 야고보서 1장을 예로 들어 몇 가지 문제를 만들어보면 다음과 같다.

- ☐ 나는 하나님의 종인가?
- ☐ 나는 주 예수 그리스도의 종인가?
- ☐ 나는 여러 가지 시련을 만났는가?
- ☐ 나는 시련을 당할 때 그것을 기쁨으로 여겼는가?
- ☐ 나는 믿음의 시련이 인내를 낳는다는 사실을 알고 있는가?
- ☐ 나는 인내를 통해 영적으로 성숙해지고 있는가?
- ☐ 나는 지혜가 부족할 때 가장 먼저 하나님을 찾는가?
- ☐ 나는 하나님을 아무것도 꾸짖지 않고 후히 주시는 분으로 믿는가?
- ☐ 나는 하나님께 지혜를 구할 때 조금도 의심하지 않고 구하는가?
- ☐ 나는 두 마음을 품어 매사에 불안에 떨며 요동하는가?

당신은 이런 질문들에 대답하면서 과연 하나님 말씀을 당신 삶에 적용하고 있는지 점검하게 될 것이며, 그 과정에서 하나님 말씀을 당신의 감정과 경험의 일부로 받아들일 것이다.

영적 안경을 쓰라!

스튜어트 씨는 운전면허 신체검사 결과를 믿을 수 없었다. 그는 시력을 측정하는 과정에서 뭔가 착오가 생긴 것이 분명하다고 생각했다. 그는 사물을 잘 볼 수 있었다. 그러나 재차 검진을 해도 결과는 변동이 없었다. 검안사(檢眼士)는 안경을 바꾸는 게 좋겠다고 조언했다. 그래서 그는 새 안경을 착용했다. 순간, 세상이 얼마나 맑고 선명하게 보이던지 그는 깜짝 놀라 뒤로 넘어갈 뻔했다. 그는 자신이 무엇을 놓치고 있는지 알지 못했다.

우리는 성경에서 더 많은 것을 보기 위해 새로운 '영적 안경'을 착용할 수 있다. 여기서 말하는 '안경'(SPECS)은 성경에서 얻을 수 있는 5가지 유형의 깨달음을 쉽게 기억하도록 내가 이합체 형식으로 구성한 단어이다.

- ☐ Sins to forsake 버려야 할 죄
- ☐ Promises to claim 힘껏 주장해야 할 약속
- ☐ Examples to follow 따라야 할 모범
- ☐ Commands to obey 순종해야 할 명령
- ☐ Stumbling blocks to avoid 피해야 할 걸림돌

내가 이런 이합체 단어를 만든 것은 성경을 장 단위로 읽으면서 이 5가지 주제 가운데 어느 하나에라도 해당되는 것을 깨달으면 즉각 기록하여 묵상하자는 뜻에서이다. 물론 처음에야 이 5가지 항목을 다 살피면서 성경을 읽기가 쉽지 않겠지만, 새 안경에 어느 정도 익숙해지면 한 번에 다섯 항목을 다 살피면서 말씀을 읽을 수 있을 것이다. 5가지 항목을 다 살피면서 말씀을 읽기가 버겁게 느껴지는 사람은 일단 2가지 항목을 염두에 두고 한 장을 다 읽은 다음에 다시 3가지 항목을 살피면서 읽어도 좋겠다.

역사를 기록하고 있는 부분을 읽을 때도 등장인물들의 성격이나 성경 기자의 설명과 해설을 잘 살피면 'SPECS'를 찾을 수 있으며, 이렇게 깨달은 것을 말씀의 빛에 비추어 우리 삶에 적용할 수 있다. 그러므로 무엇보다 'SPECS'와 '적용' 양자를 다 기록하여 말

씀을 묵상하는 것이 좋다. 물론 참조와 인용을 위해 각각의 깨달음을 주는 말씀의 장과 절까지 기록해두면 더욱 훌륭하다.

버려야 할 죄 – Sins to forsake

지금은 'SPECS'를 찾는 작업을 처음 시작하는 시점이니 요나서 1장처럼 친숙한 장에서 시작해보겠다. 요나서 1장에서 우리가 반드시 '버려야 할 죄'가 있는지 살펴보자.

- ☐ 요나는 하나님께서 계시하신 뜻에 불순종했다(1-3절).
- ☐ 요나는 하나님의 낯을 피해 도망쳤다(2,3,10절).
- ☐ 니느웨 사람들과 승객들의 안전과 행복이 안중에 없었다(1-3,4-11절).
- ☐ 요나는 말과 행동이 일치하지 않았다(9,10절).

힘껏 주장해야 할 약속 – Promises to claim

요나서 1장에 우리가 '힘껏 주장해야 할 약속'이 있는지 살펴보자. 아무래도 요나서 1장에는 '버려야 할 죄'는 많이 있는데 힘껏 주장해야 할 약속은 거의 없는 것 같다. 예를 들면, 요나가 자신을 바다에 던지면 바다가 잔잔해질 것이라고 약속한 정도이다(12절).

주께서 나의 앉고 일어섬을 아시며
멀리서도 나의 생각을 통촉하시오며
시139:2

여기서 확인할 수 있는 것처럼 성경의 모든 장에서 'SPECS'의 5가지 항목을 고루 발견할 수 있는 것은 아니다.

어쩌면 당신은 요나서 1장에서 발견할 수 있는 약속을 "하나님으로부터 도망치려고 아무리 발버둥을 쳐보았자 우리는 절대 성공할 수 없다!"라는 문장으로 요약할지 모른다. 좋다. 아주 좋은 발견이다. 사실 요나서 1장은 그런 교훈을 가르치고 있다. 하지만 어떤 구절도 그것이 하나님의 약속이라고 분명하게 말하고 있지는 않다. 당신이 기록한 문장이 요나서 1장에 진술된 내용이 아니라 함축된 내용이기 때문이다.

말씀에 함축된 약속도 말씀이 직접 진술하는 약속과 마찬가지로 타당하다. 그러나 하나님 말씀에 어떤 약속이 함축되어 있다고 생각하는 경우, 하나님께서 의도하시지 않은 것을 억지로 뽑아내는 과오를 범하지 않도록 각별한 주의를 기울여야 한다.

그러면 어떻게 해야 견고한 토대 위에 설 수 있을까? 성경의 다른 구절이, 당신이 어떤 단락에 함축되어 있다고 생각되는 약속을 명백히 가르치고 있는지 찾아야 한다. 우리가 하나님으로부터 도망치려고 아무리 발버둥을 쳐보았자 절대 성공할 수 없다고 하나님께서 명백히 말씀하신 구절이 성경의 다른 곳 어디에 있는가? 당신은 적절한 자료 조사를 통해 시편 139편이 분명하게 말하고 있다는 사실을 발견할 수 있을 것이다.

이처럼 하나님께서 말씀 속에 암시하신 약속을 직접 진술하신 말씀(성경의 다른 증거들)에 연결할 수 있을 때에만 우리는 견고한 토대에 설 수 있다. 그렇다면 어떻게 해야 성경의 다른 증거들을 찾을 수 있을까? 때로는 그동안 근면하게 성경을 읽고 공부한 덕택에 즉각 생각날 수도 있을 것이고, 성경의 관주를 이용할 수도 있겠고, 성구사전을 활용할 수도 있겠고, 주제별 성경의 해당 항목을 참조할 수도 있을 것이다.

따라야 할 모범 – Examples to follow

이제 요나서 1장의 내용 가운데 우리가 '따라야 할 모범'이 있는지 살펴보자.

- ☐ 하나님은 니느웨를 끝까지 사랑하셨다(1,2절).
- ☐ 하나님은 배의 승객들을 끝까지 사랑하셨다(16,17절).
- ☐ 선원들은 요나를 구하려고 노력했다(13절).
- ☐ 무리는 무작정 결론을 내리기 전에 요나에게 질문했다(8-11절).
- ☐ 선원들과 무리는 어려움을 만났을 때 기도했다(5,6,14절). 선장이 깊

이 잠든 요나를 깨워 기도하라고 명령한 대목은 흥미롭다(6절). 그러나 요나가 선장의 말을 듣고 기도했다는 기록은 아무 데도 없다. 선원들은 이런 상황에서 모두 기도했다.

□ 자비로우신 하나님은 요나를 위해 구조의 길을 예비하셨다(17절).

□ 선원들은 하나님을 두려워했다(16절). 그들은 하나님의 사랑으로 구사일생으로 살아난 뒤에 하나님께 제물을 드리고 서원을 했다.

□ 요나는 선원들에게 자신의 사정을 솔직히 고백했다. 그는 그 모든 재난에 대한 책임이 자신에게 있음을 인정했다(8-10절).

순종해야 할 명령 – Commands to obey

요나서 1장에서 우리가 '순종해야 할 명령'이 있는지 살펴보자.

□ 하나님께서 요나에게 니느웨로 가라고 명하셨다(1,2절). 요나는 처음에 순종하지 않았다.

□ 하나님께서 바다에 폭풍이 일어나라고 명하셨다(4절). 바다는 즉각 순종했다.

□ 선장이 요나에게 즉시 일어나 기도하라고 명했다(6절). 그러나 요나는 선장의 명령대로 하지 않았다.

□ 선원들이 요나에게 재난이 일어난 연유를 자백하라고 명했다(8,10절). 요나는 그렇게 했다.

□ 요나가 선원들에게 자기를 배 밖으로 던지라고 명했다(12절). 선원들은 그렇게 했다.

□ 하나님께서 큰 물고기에게 요나를 집어삼키라고 명하셨다(17절). 물고기는 그렇게 했다.

피해야 할 걸림돌 – Stumbling blocks to avoid

여기서 내가 말하는 걸림돌은 경고와 같다. 하나님께서는 우리가 하나님의 경고에 주의를 기울이기 바라신다. 물론 하나님의 경고에 주의를 기울이는 것보다 훨씬 더 중요한 것은 하나님의 경고를 받는 자리에 가지 않는 것이다. 요나서 1장에는 어떤 경고가 들어 있을까?

요나가 하나님 명령에 순종하지 않고 도망칠 때 하나님께서는 그의 길에 수많은 걸림돌을 예비하셨다. 이런 걸림돌은 하나님의 사랑을 나타내는 증거이다. 그것들이 요나를 징벌하기 위한 게 아니라 하나님으로부터 결코 도망칠 수 없다는 사실을 일깨우기 위한 것이기 때문이다. 하나님께서는 죄의 길로 빠져드는 우리를 바로잡아 회복시키기를 바라시지, 징벌하기를 원하지 않으신다.

□ 도망가는 길을 택한 요나는 배표를 구입해야 했다(3절).

□ 바다에 맹렬한 폭풍이 일어났지만 배를 파괴할 만큼 결정적이지는 않았다(4절).

- ☐ 선장이 요나를 깨워 하나님께 기도하라고 명했다(6절).
- ☐ 제비를 뽑은 결과, 요나가 재난의 주범으로 밝혀졌다(7절).
- ☐ 선원들이 요나에게 여러 가지 질문을 했다(8-11절).

□ 요나는 모든 사정을 고백하면서 양심의 찔림을 받았다(9,10절).

□ 요나 한 사람 때문에 많은 승객들이 피해를 입었다. 요나의 죄로 인해 그들은 값비싼 화물을 바다에 던져야 했고, 배가 좌초될 위기를 당했고, 목숨을 잃을 뻔했다(5,11,13-16절). 우리가 외딴섬에 홀로 고립되어 죄를 짓는 것이 아니다. 우리의 죄는 언제나 다른 사람들에게 영향을 끼친다.

앞에서도 잠깐 언급했지만 성경의 모든 장이 'SPECS'의 5가지 항목을 모두 포함하고 있는 것은 아니다. 더욱이 'SPECS'의 처음 'S'(Sins to forsake, 버려야 할 죄) 항목과 마지막 'S'(Stumbling blocks to avoid, 피해야 할 걸림돌) 항목에 들어갈 말을 엄밀히 구분하려고 고심하면서 지나치게 많은 시간을 소비하지 말라. 이 두 항목은 매우 유사하기 때문에 같은 내용이 중복될 수도 있다. 그런 부분들은 나중에 적절한 자리를 찾아주면 된다. 중요한 것은 성경을 읽으며 깨달은 것을 기록하며 묵상하는 것이다!

지금까지 요나서 1장에서 얻을 수 있는 깨달음을 'SPECS'의 관점에서 간략히 정리해보았다. 특별한 관심을 갖고 집중해서 읽으면 이보다 더 많은 것들을 깨달을 수 있다. 223쪽에 '성경묵상 표'를 제시했으니 참고하기 바란다. 물론 이 표를 사용하지 않고 그냥 백지에 기록해도 좋겠지만 이처럼 표를 사용하면 자료를 정리하기 편하고 분실의 위험도 줄일 수 있다.

당신의 우선순위를 하나님께 물어라

나는 이처럼 'SPECS'의 관점으로 말씀을 읽을 때 '그러면 나는 무엇을 해야 하지?'라는 질문을 상징하는 표시로서 '물음표'를 붙이기를 좋아한다.

하나님께서는 우리가 오늘 해야 하는 일 가운데 무엇을 가장 중요하게 여기실까? 우리는 오늘 모든 것을 할 수 없다. 그러나 무엇인가를 할 수는 있다. 하나님께서는 우리가 이생에서 완벽한 상태에 이르지 못한다는 이유로 질책하지 않으시지만(젖먹이가 기저귀를 차고 있다는 이유로 그 부모가 아기를 매질하지 않는 것처럼) 우리가 매일 조금씩 앞으로 나아가기를 원하신다.

이처럼 하나님 말씀을 깊이 묵상할 때 자칫 빠지기 쉬운 함정이 두 가지 있다. 그 하나는, 우리가 성경에서 너무 많은 것을 접한 탓에 무엇을 어떻게 실천해야 할지 몰라 결국 아무것도 하지 않는 것이다. 또 다른 하나는 앞에 것보다 좀 더 미묘한 것으로서, 우리가 삶의 특정 영역을 개선하려고 나름대로 노력하지만 하나님이 더 관심을 갖고 계신 영역은 기피하는 것이다.

우리는 '좋은 것'으로 '가장 좋은 것'을 대체하는 잘못을 저지를 수 있다. 무슨 말인가? 요나는 폭풍이 이는 배 밑창에서 잠을 잤다(욘 1:5). 잠 자체는 잘못된 것이 없다. 그러나 요나가 그것을 하나님의 뜻을 피하는 수단으로 사용했다는 것이 문제이다. 마찬가지이다. 우리는 삶의 특정 영역을 개선하려고 노력한다. 그러나 그런 노력을 '하나님께서 원하시는 더 중요한 영역'을 회피하기 위한 수단으로 사용할 때 문제가 된다.

당신의 배우자가 당신이 이번 주 토요일에 해야 할 중요한 일 4가지를 목록으로 작성해서 부탁했는데, 당신이 그 일이 하기 싫어서 아무 일이나 마음대로 택하여 해치웠다면 당신 배우자는 과연 어떤 반응을 보일까? 설령 당신이 하루 종일 집 안을 어슬렁거리면서 온갖 허드렛일을 다 끝마쳤다고 해도, 당신 배우자가 "여보, 꼭 부탁해요!"라고 부탁한 일을 하나도 하지 않은 이상, 어이없는 표정을 지으며 화를 낼 것은 불 보듯 뻔한 일이다.

"주님, 제가 무엇을 해야 합니까?"라는 질문으로 우리의 성경 묵상을 끝내야 하는 까닭이 바로 그것 때문이다. 이렇게 기도하기만 하면, 하나님께서 당신의 삶에서 가장 중요하게 여기시는 일이 무엇인지 분명히 일깨워주실 것이다.

주님 제가 오늘 가장 먼저
해야 할 일이 무엇입니까?

하나님의 대답을 기다려라

'성경묵상 표'를 작성하면서 하루에 한 장의 말씀을 묵상할 경우, 그날(혹은 다음 날) 해야 할 일 가운데 가장 중요한 일이 무엇인지 알려달라고 사랑의 아버지께 구하라. 더불어 그 일을 수행하기 위한 가장 좋은 방법도 알려달라고(어떤 일을 하라고 명령을 내린 분께서 그 일을 수행하기 위한 가장 좋은 아이디어를 갖고 있는 법이므로) 구하라. 그러면 사랑이 충만하신 하늘 아버지께서 분명히 일깨워주실 것이다.

하나님께서 당신에게 원하시는 게 무엇일지 마음대로 추측하지 말고 하나님께 질문하라. 그런 사소한 대화가 얼마나 많은 오해와 추측을 막아주는지 깨닫게 될 것이다. 어떤 일을 결정할 때 당신 앞에 계신 그분이 당신의 사정과 상황을 봐주지 않는 것처럼 느껴지더라도 그분이 누구인지 묵상하라. 그리고 일단 질문했으면 하나님의 대답을 신중히 경청하라.

어쩌면 하나님께서 당신 이웃 가운데 한 사람을 그리스도께 데려오라고 오래전부터 말씀하고 계셨는지도 모른다. 그렇다면 즉시 행하라!

하늘 아버지께서 가장 중요하게 여기시는 일이 무엇일지 곰곰이 묵상하라. 그리고 그 일을 반드시 하겠다고 하나님께 약속을 드릴 때, 하나님이 풍성한 지혜의 원천이 되신다고 야고보 사도가 확증한 말씀(약 1:5)을 기억하라!

영적 안경을 쓰고 성경을 새롭게 읽는

성경묵상 표

성경 본문 ______________

절	버려야 할 죄
	힘껏 주장해야 할 약속
	따라야 할 모범
	순종해야 할 명령
	피해야 할 걸림돌
	가장 먼저 해야 할 일

07

적용 내비게이션

성경 법규를 알아야 하나님의 뜻을 위반하지 않는다

- 하나님이 주신 삶의 원칙들 실천하기
- 말씀을 실생활의 원칙으로 변환하기
- 말씀이 실제 삶에서 역사하도록 하기

"불공평해! 왜 매사에 나만 비난을 받는 거지? 어젯밤에는 내가 설거지를 했으니까 오늘은 당신 차례야!"

오늘날 당신 집에서 자주 들리는 친숙한 말이 아닌가? 자신의 책임도 아닌 일로 비난을 받는 것은 어떻게 생각해도 유쾌한 일이 아니다. 그런데 우리 하나님께서 그런 비난을 받고 계시다는 사실을 알고 있는가? 하나님께서는 종종 하나님의 책임도 아닌 일로 인해 우리의 비난을 받으신다.

그리스도인들 가운데는 더 나은 그리스도인이 되게 해달라고 기도한 뒤에 아무것도 하지 않는 이들이 많다. 그런 사람들은 여전히 악습의 굴레를 벗어나지 못하고, 그들의 일상 또한 늘 그랬던 것처럼 엉망으로 돌아가며, 성경공부도 기대했던 것과는 전혀 딴판으로 그저 따분하고 지루하기만 하다. 이런 일이 얼마간 지속되면 의혹과 의심이 시커먼 고개를 쳐든다.

'아! 하나님이 내 기도는 안 들어주시나봐! 하나님은 내가 더 나은 그리스도인이 되는 것을 바라지 않으시는 것 같아!'

그러나 그들이 그렇게 의심하며 푸념하는 동안 하나님께서는 그들이 자신들의 몫을 감당하기를 기다리신다. 어떤 일은 오직 하나님만이 하실 수 있다. 새 생명을 창조하거나 치유의 이적을 일으키는 것이 그렇다. 반면 어떤 일은 우리가 해야 한다. 하나님 말씀을 읽거나 기도하거나 더 나은 그리스도인이 되기 위해 순종하는 것이 그렇다.

하나님께서 하시는 일과 내가 할 일

그리스도인의 삶은 하나님과 우리의 활기찬 협력으로 이루어진다. 재벌 총수가 전용 운전기사에게 운전을 맡기고 차 뒷좌석에 등을 기대고 낮잠을 자는 것처럼, 그저 모든 운전을 하나님께 떠맡기고 한숨 푹 자고 나면 성숙한 그리스도인이 되는 게 결코 아니다. 하나님께서는 하나님의 역할을 반드시 수행하신다. 이는 절대적으로 확신할 수 있는 진리이다. 그러나 대부분의 경우, 하나님께서는 우리가 우리의 작은 몫을 수행할 때까지 하나님의 큰 몫을 수행하지 않고 기다리신다.

하나님과 인간의 이런 '책임 분담'의 예는 성경에서 얼마든지 찾아볼 수 있다. 모세가 홍해 위로 지팡이를 쳐들었을 때, 하나님께서 홍해를 가르셨다. 여호수아 시대에 제사장들이 요단강에 발을 내디뎠을 때, 하나님께서 강바닥을 마른 땅으로 만드셨다. 이스라엘 백성이 이레 동안 여리고 성을 돌았을 때, 하나님께서 난공불락의 요새를 가루로 만드셨다.

하나님께서는 지금도 이와 동일한 원리로 역사하신다. 때로는 우리가 믿음의 행위로서 우리의 몫을 먼저 수행해야 하는 것이다. 그러므로 '하나님께서 하시는 일'과 '내가 할 일'을 분류해 보면 매우 의미심장한 방법으로 말씀을 공부할 수 있다. 나는 이런 성경공부 방법을 "누구의 책임인가?"라고 부른다.

그리스도를 영접하는 것, 기도하는 것, 성경을 읽는 것, 나의 믿음을 이웃과 나누는 것 등은 '내가 할 일'이다. 한편 영생을 주시는 것, 우리의 기도에 응답하시는 것, 말씀을 깨닫고 적용하도록 도우시는 것, 죄를 자각하여 회개에 이르도록 하시는 것 등은 '하나님께서 하시는 일'이다.

성경은 하나님의 명령과 그 명령에 순종할 때 따르는 축복을 강조한다. 성경을 읽으면서 하나님께서 우리에게 행하라고 명령하신 것과 우리를 위해 행하겠다고 약속하신 것을 연구해보라. 그런 구절들이 선명하게 부각될 것이다.

누구의 책임인가?

이제 신구약 66권 가운데 한 권을 택하여, "누가 무엇을 해야 하는가?"라는 질문을 염두에 두고 장 단위로 주의 깊게 차근차근 읽어나가라. 한 절 한 절 읽을 때마다 '하나님께서 하실 일이 여기 기록되어 있나?', '내가 해야 할 일이 여기 기록되어 있나?', '그에 대한 결과가 여기 기록되어 있나?'라고 자신에게 질문하라(232, 233쪽 '내가 할 일과 하나님께서 하시는 일에 주안점을 두고 읽는 성경적용 표' 참고).

화자(話者)의 시점은 언제나 1인칭으로 하라. "다윗은 …해야 했다", "사도 바울은 …하라고 강조했다"라고 기입하지 말고 "나는 …해야 한다"라고 기입하라는 말이다. 또한 하나님께서 오늘 우리의 책임으로 맡겨주신 일을 지혜롭게 분별하라.

예를 들어, 다윗이 희생제사를 드리기 위해 어린 양을 데리고 성전으로 가야 했다는 부분을 성경에서 읽을 때 '내가 할 일' 칸에 "다음 주일에 희생제사를 드리기 위해 비행기 표를 끊어 어린 양을 데리고 예루살렘으로 가야 한다"라고 기록하는 것은 옳지 않다(물론 그럴 사람은 없으리라 믿지만).

표 중앙에 있는 '결과 또는 참고' 칸이 바로 그런 내용을 기록하는 곳이다. 하나님께서 하시는 일이라고 생각하기도 어렵고 우리가 해야 할 일이라고 여기기도 곤란한 내용은 부차적 정보로 간주하여 거기에 기입하라.

당신이 시편 119편을 읽는다고 가정해보자. 우선 시편 119편 1절은 "행위 완전하여 여호와의 법에 행하는 자가 복이 있음이여"라고 말한다. 이 구절에 '내가 할 일'에 해당되는 내용이 있을까? 물론 있다. 이 구절은 당신이 해야 할 두 가지 일이 있다고 말한다. 하나는 행위를 완전하게 하는 것이고, 다른 하나는 하나님의 법을 따라 행하는 것이다. 그렇다면 '내가 할 일' 칸에 이 두 가지를 기록하라.

또한 당신은 이 구절에서 그 두 가지 모두를 행하는 사람은 하나님의 복을 받는다는 사실을 알 수 있다. 당신은 당신 자신에게 복을 줄 수 없다. 당신에게 복을 주는 것은 하나님께서 하시는 일이다. 그렇다면 '하나님께서 하시는 일' 칸에 '나에게 복을 주시는 것'이라 기입하라. 또한 하나님의 복은 당신이 두 가지 책임을 다했을 때 그 결과로 임한다. 따라서 '결과 또는 참고' 칸에 '나에게 복을 주심'이라고 기록하라.

이런 접근 방법은 영적으로 망막이 박리(剝離)된 환자(하나님 말씀을 읽긴 읽어도 그 의미를 머리와 가슴에 새기지 못하는 사람)를 치유하는 특효약이다. 이런 방법으로 말씀을 읽으면 성경구절 단 '한 절'에서 실로 많은 것들을 얻게 된다. 내 말이 미심쩍거든 직접 확인해보라.

우리는 그저 축복(행복이나 번영)만을 갈망하는 경향이 있다. 그러나 하나님께서는 그저 축복만을 갈망하는 것은 우리가 해야 할 일이 아니라고 말씀하신다. 물론 우리를 축복하는 것은 하나님께서 하시는 일이다. 그러나 우리가 책임을 완수해야 하나님께서도 책임을 완수하신다.

우리가 해야 할 일은 따로 있다. 그것은 바로, 행위를 완전하게 하고 하나님 말씀을 따라 행하는 것이다. 그럴 때 비로소 하나님께서 우리가 소망하는 복을 허락하실 것이다.

그럼 이제 연습도 하고 유익도 얻을 겸 시편 119편 1절에서 8절까지 직접 연구해보라. 나도 나름대로 이 부분을 연구하여 232쪽 표에 제시했다.

당신이 작성한 표의 내용이 내 것과 다른가? 당신과 내가 똑같은 것을 발견해야 하는 것은 아니니 너무 염려하지 말라.

그리고 '내가 할 일', '결과 또는 참고', '하나님께서 하시는 일' 칸에 들어갈 내용을 모두 담고 있는 구절들은 그리 많지 않으니 말씀을 주의 깊게 읽기는 읽되 세 칸을 다 채우려고 애쓰지는 말라.

당신이 이런 방법으로 성경을 계속 읽다보면 '하나님께서 하시는 일' 칸에 기입할 내용이 매우 적다는 것을 깨달을 것이다. 나는 성경의 모든 내용이 하나님께(하나님께서 하신 일에) 관한 것이라고 생각한다. 그러나 이런 방법으로 말씀을 연구하면서 '내가 할 일' 칸에 들어갈 말이 정말 많다는 것을 깨닫고 깜짝 놀랐다. 성경은 하나님께서 우리에게 바라시는 것으로 가득하다.

성경 낱말을 소홀히 여기지 말라!

나는 이런 식의 성경읽기 방법이 묵상을 위한 더없는 자료가 된다는 사실을 깨달았다. 일단 '누구의 책임인가?' 방법으로 말씀을 읽으면서 표를 완성하면, 그 양식을 갖고서 우리의 영적 유익을 극대화하기 위한 2가지 부가적인 작업을 수행할 수 있기 때문이다. 하나는 우리가 표에 기입한 단어들의 정의를 찾아보는 것이고, 다른 하나는 그것들이 함축하는 의미를 깊이 생각해보는 것이다.

우선 당신이 작성한 표 가운데서 주요 단어 몇 개를 뽑아라(예를 들어, "복", "완전", "율례", "구하다" 등).

우리는 하나님 말씀을 읽을 때, 어떤 단어의 뜻을 알고 있다거나 어떤 단어를 일상에서 친숙하게 사용하고 있다는 등의 이유로 많은 낱말들을 그냥 지나치는 나쁜 습관을 갖고 있다. 하지만 막상 그런 단어의 정의를 내리라고 하면 땀을 뻘뻘 흘린다.

하나님께서는 하나님의 말씀을 통해 우리와 소통하신다. 하나님께서 말씀하시는 것을 제대로 깨달으려면 성경에 들어 있는 모든 낱말에 고도의 주의를 기울이는 자세를 가져야 한다.

낱말의 정의를 내리는 이 작업에는 성경에 나오는 모든 낱말의 원어상의 정의를 제공하는 성구사전이나 성경사전이 유익하다. 물론 성구사전이 없는 경우에는 국어사전도 도움이 된다. 나는 보통 '성경적용표' 여백에 낱말들의 정의를 간략하게 적는다. 이 작업도 적지 않은 수고를 요한다. 그러나 그 보상은 실로 귀하다.

예시용

내가 할 일과 하나님께서 하시는 일에 주안점을 두고 읽는

성경적용 표

성경 본문 시 119:1-8

절	내가 할 일	결과 또는 참고	하나님께서 하시는 일
1절	행위를 완전하게 하는 것. 말씀을 따라 행하는 것.	나에게 복을 주심.	나에게 복을 주시는 것.
2절	하나님의 증거를 지키는 것. 온 마음을 다하여 하나님을 구하는 것.	나에게 복을 주심.	나에게 복을 주시는 것.
3절	불의를 행하지 않는 것. 하나님의 가르침에 따라 사는 것.		
4절	하나님의 법도에 순종하는 것.		우리에게 주의 법도를 알려주시는 것.
5절	하나님의 율례를 지킬 수 있도록 나의 길을 탄탄하게 해달라고 기도하는 것.		
6절	하나님의 모든 계명을 마음에 새기는 것.	부끄러움을 당하지 않게 하심.	
7절	하나님의 의로운 판단을 배우는 것. 정직한 마음으로 하나님께 감사하는 것.		
8절	하나님의 율례를 지키는 것.		나를 완전히 버리지 않으시는 것.

예시용

내가 할 일과 하나님께서 하시는 일에 주안점을 두고 읽는

성경적용 표

성경 본문 요 3:16 ; 약 1:21 ; 벧전 2:2 ; 시 1:2,3

성경 본문	내가 할 일	결과 또는 참고	하나님께서 하시는 일
요 3:16	하나님을 믿는 것.	멸망하지 않고 영생을 얻음.	세상을 이처럼 사랑하셔서 독생자를 주신 것.
약 1:21	모든 더러운 것과 넘치는 악을 내어버리는 것. 마음에 심긴 도를 온유하게 받는 것.	말씀이 나의 영혼을 구원함.	
벧전 2:2	갓난아이같이 순전하고 신령한 젖을 사모하는 것.	구원에 이르도록 자라게 됨.	
시 1:2,3	하나님의 율법을 즐거워하는 것. 말씀을 주야로 묵상하는 것.	시냇가에 견고하게 심긴 나무처럼 될 것임. 계절을 따라 열매를 맺으며 잎사귀가 마르지 않을 것임. 무슨 일을 하든지 형통할 것임.	

하나님께서 주신 메시지에 집중하면서 어떻게 하면 그 말씀을 삶에 적용할 수 있을지 곰곰이 생각하는 것이 쉬운 일인 줄 알았는가?

우리는 누군가에게 편지를 받았을 때 대강 읽지 않는다. 더욱이 그것이 사랑의 메시지일 경우에는 더욱 그렇다. 우리는 단어 하나하나를 꼼꼼하게 살필 뿐만 아니라 어구와 문장에 함축된 뜻을 알아내기 위해 집중한다. '성경적용 표'를 갖고 우리의 영적 유익을 극대화하기 위해 두 번째로 수행할 수 있는 작업이 바로 그것이다.

예를 들어, 우리는 시편 119편 1절에서 하나님의 법을 따라 살려면 먼저 그 법을 알아야 한다는 원칙을 발견할 수 있다. 이는 우리가 하나님의 뜻대로 행하고자 하는 의욕을 지녀야 할 뿐 아니라 주의를 집중해서 말씀을 읽어야 한다는 것을 암시한다.

하나님께 답장 보내기

하나님께서는 우리가 하나님과 하나님의 계획과 우리 자신에 대해 더 알기를 원하신다. 그래서 우리에게 말씀을 주셨다. 이처럼 하나님께서 사랑이 듬뿍 배어나는 장문의 편지를 우리에게 보내셨다면 우리도 하나님께 답장을 써야 하지 않겠는가?

아마 당신은 성경을 읽을 때 하나님께서 당신에게 개인적으로 말씀하시는 것 같은 느낌을 자주 받지 못해서 하나님께 답장을 쓸 때도 무슨 말을 어떻게 써야 할지 감을 잡지 못할지도 모르겠다. 나는 하나님께 편지를 쓸 때 주로 '감사', '간구', '고백'이라는 이 3가지 골격을 활용한다.

사람은 누구나 감사의 뜻을 전해 받거나 감사 편지 받기를 좋아한다. 우리 하나님도 그러하시다. 그러니 하나님께 보내는 답장도 감사의 내용으로 시작하라. 감사의 제목이야 수없이 많겠지만, 우선은 성경공부를 통해 하나님에 대해 더욱 많은 것을 깨달을 수 있었던 것에 감사를 드리고, 말씀을 주심으로써 하나님과 당신 자신과 하나님과 당신의 관계에 대해 가르쳐주신 것에 감사를 드리고, 하나님께서 지금까지 당신을 위해 하신 일과 지금 하고 계신 일과 앞으로 하겠다고 약속하신 것에 대해 감사를 드려라.

그 다음에는 도움을 구하라. '성경적용 표'를 만들어보면 '내가 할 일' 칸에 기입된 내용 대부분이 당신 혼자 힘으로 할 수 없는 것들이라는 사실을 깨닫게 된다. 그리스도인의 삶은 본성대로 행하는 삶이 아

닌, 본성을 뛰어넘어 하나님의 말씀대로 행하는 삶이다.

하나님께서 돕지 않으시면 우리 가운데 어느 누구도 그리스도인으로서의 삶을 살 수 없다. 그러나 구하기만 하면 하나님의 도움을 얻을 수 있다.

그 다음에는 고백(자백)하라. 고백이란, 무언가가 하나님과 우리 사이를 가로막고 있다고 하나님께서 지적하실 때 그것을 겸손히 인정하는 것이며, 하나님께서 우리에게 무슨 말씀을 하시든지 그것에 동의하는 것이다. 우리는 친구에게 잘못했을 때 용서를 구하는 편지를 쓰는 것처럼 하나님께도 용서를 구하는 편지를 쓸 수 있다.

고백이 필요한 까닭은, 우리가 종종 하나님께서 '하지 말라'라고 명하신 것은 행하는 반면, '하라'라고 명하신 것은 행하지 않기 때문이다. 우리는 의식적으로 지은 죄에 대해 하나님께 고백해야 하고, 무의식적으로 지은 죄에 대해서도 고백해야 한다. 이 2가지 유형의 고백은 필수적이다.

이제 이 책을 잠시 덮고 하나님께 편지를 써보면 어떨까? 초안을 작성하고 싶다면 한 단락은 감사의 내용으로, 한 단락은 도움을 요청하는 내용으로, 나머지 한 단락은 고백의 내용으로 써보라. 그렇지만 형식이나 순서에 얽매일 필요는 없다. 편한 마음으로 친구에게 편지 쓰듯이 당신 마음에 떠오르는 것을 기록하라.

하나님께 편지를 쓰는 것은 매우 의미 있는 체험이다. 친한 친구와 마주 앉아 있는 것처럼 하나님과 마주 앉아 대화하는 느낌을 가질 수 있기 때문이다. 그리고 이런 편지를 자주 써서 잘 보관했다가 나중에 꺼내 보면, 하나님께서 당신의 요청에 어떻게 응답하셨는지 그리고 당신의 그 감사하는 태도와 하나님을 의지하는 태도와 잘못을 솔직히 고백하는 태도에 어떤 식으로 보답하셨는지 확인할 수 있을 것이다.

하나님의 아이디어

당신의 경건의 시간(Q.T)을 알차게 보내고 싶다면 '누구의 책임인가?' 방법을 적극 활용하여 시편 119편을 끝까지 다 읽어보기 바란다.

이 방법으로 말씀을 읽을 때 하루에 소화하기 적절한 분량이 8절이므로, 22일이면 총 176절로 구성된 시편 119편의 연구를 다 끝마칠 수 있다. 아마 당신은 "하루에 겨우 8절?"이라고 물을지 모른다. 당신의 의욕과 열의에 찬사를 보낸다. 물론 '하루 8절' 규칙을 꼭 지켜야 하는 것은 아니다. 하지만 하루도 빼놓지 않고 1년, 2년 … 일평생 말씀을 묵상하려면 처음부터 과도한 욕심을 부리지 말고 적절한 목표를 정하는 게 좋다.

그리고 묘하게도 히브리어 원어 성경에서 이 장문의 시편은 각 8절씩 22개의 단편으로 분할되어 있다. 시편 119편은 성경에서 가장 긴 장이기 때문에 이 장만 잘 끝마치면 다른 장들의 작업은 순조롭게 진행할 수 있다.

히브리어 원어 성경에서 시편 119편이 각 8절씩 22개의 단편으로 분할되어 있다는 점은 바로 앞에서 언급했다. 그런데 여기서 주목할 것은 시편 119편이 히브리어 알파벳 순서를 따라 완벽한 이합체 형식으로 구성되어 있다는 사실이다. 첫 번째 단편인 1절에서 8절의 첫 글자가 히브리어 알파벳의 첫 글자(알렙)로 똑같이 시작되고, 그 다음 단편인 9절에서 16절의 첫 글자는 히브리어 알파벳의 두 번째 글자(베트)로 똑같이 시작되는 방식이다. 이런 규칙이 22번째 단편인 169절에서 176절까지 지켜지고 있다.

배리 허들스턴(이 사람이 누군지 벌써 잊지는 않았으리라 믿지만 혹 모르겠거든 이 책 73,74쪽을 참고하라)이 이합체 형식을 처음 시작한 게 아니다. 이합체 형식은 하나님께서 고안하신 아이디어이다!

'누구의 책임인가?' 방법이 당신 마음에 들고 할 수 있겠거든 시편 1편 1절부터 본격적으로 시작해보기 바란다. 하루에 8절씩 연구하면 일 년에 시편 전체를 훑을 수 있다.

행함으로 당신의 믿음을 보이라!

나는 '누구의 책임인가?' 방법으로 성경을 읽기 전에 시편이 매우 단순하고 지루한 책이라고 생각했다. 다윗이 '하나님에 대한 사랑'과 '원수에 대한 증오' 이 2가지 주제를 계속 반복하고 있다는 생각이 들었기 때문이다. 그러나 시편 말씀을 '내가 할 일'과 '하나님께서 하시는 일' 두 범주로 나누어 정밀 분석하기 시작할 때, 그저 지루하게만 느껴졌던 책이 얼마나 심오하고 의미심장하게 다가왔는지 모른다. '누구의 책임인가?' 방법은 잠언을 읽는 데도 유익하며 특히 로마서에서 유다서까지 신약의 서신서들을 읽는 데 매우 유익하다.

그렇지만 처음부터 '누구의 책임인가?' 방법으로 신구약 66권 가운데 한 권을 다 읽어야만 유익을 얻을 수 있는 것은 아니다. 평소 암송하고 있던 구절들이나 좋아하던 구절들을 연구하여 적용의 토대로 삼아도 좋다. 이것은 성경을 묵상하기 위한 또 다른 방법이다. 233쪽에 제시한 표를 참고하라.

하나님께서는 우리가 무엇을 믿어야 하는지 가르치기 위해 우리에게 말씀을 주시기도 하지만, 우리가 그 믿음을 통해 행위 면에서 실제적인 변화를 보이기를 바라신다. 우리는 '누구의 책임인가?'라는 방법을 통해 '믿음'과 '행위'라는 이 두 개의 선로를 연결할 수 있다.

08

나눔 내비게이션

마음 맞는 동행자가 있으면 성경공부 여행의 즐거움이 배가된다

- 가족 단위로 성경을 읽기 위한 창의적인 방법들
- 다양한 연령대의 가족들과 함께 게임을 통해 성경 즐기기
- 가정에서 영적으로 성장하기

성경공부를 더욱 즐겁게 하고 거기서 얻은 것들을 다른 사람들과 나누기 위한 창의적인 방법 한 가지는 성경 시대의 신문 편집자가 되어보는 것이다. 이 방법의 핵심은 성경에 기초하여 현대의 신문과 같은 모양새를 가진 신문을 편집해보는 것이다. 244-247쪽 '타워 타임즈'(Tower Times)는 일단의 10대 청소년들이 창세기 1-11장의 기본적인 줄거리와 자신들의 생각을 토대로 만든 것이다.

가족이 모여 이 책에서 제안한 다양한 방법들을 활용하여 성경을 읽는 것도 그렇지만, 성경 신문을 만드는 작업 역시 가족이 성경을 읽고 묵상하고 서로 나누며 단란한 시간을 보내기 위한 더없이 좋은 방법이다. 당신이 가장(家長)이라면 스스로 편집주간의 역할을 맡고 가족 구성원들 각자에게 나름의 역할을 부여할 수 있을 것이다. 신문의 크기는 문제가 되지 않지만 나중에 복사하여 이웃이나 교회 식구들에게 나

둬줄 것을 감안하여 지나치게 크지 않는 것이 좋겠다.

가족 성경 신문에는 다음과 같은 내용이 들어갈 수 있을 것이다.

- ☐ 표제어 및 톱기사
- ☐ 주요 뉴스
- ☐ 만평(漫評)
- ☐ 날씨
- ☐ 토막 상식
- ☐ 국제 · 문화 · 스포츠
- ☐ 사건과 사람들
- ☐ 생활 외국어
- ☐ 사설 · 칼럼
- ☐ 묵상 글 또는 그림
- ☐ 독자 기고
- ☐ 웰빙 라이프(건강 · 패션 · 여행 등)
- ☐ 가정예배 주보
- ☐ 책 소개
- ☐ 구인 광고
- ☐ 퀴즈 혹은 퍼즐

가족 성경 신문 만들기

요나서처럼 친숙한 이야기를 기초로 직접 신문을 만들어보라. 처음 시작할 때는 '타워 타임즈'처럼 내용을 다채롭게 구성하지 않아도 괜찮으니 두어 가지 항목만으로 신문 기사를 꾸며보라. 대부분의 사람들은 창의력이 부족하다고 생각한다. 하지만 우리는 광대한 지혜의 보고(寶庫)를 갖고 있으며, 하나님께서는 언제든지 그 자물쇠를 열어 당신에게 후히 공급하기를 바라고 계신다.

'구인 광고'같이 단순한 것부터 시작하라. 예를 들어, 당신은 요나서의 내용을 토대로 다음과 같은 광고 문구를 만들어볼 수 있을 것이다.

혹은 당신이 여객선 조합의 조합장이 되어, 불량 승객(하나님을 피해 도망치는 요나)을 여객선에 승선시킨 사안과 관련하여 욥바 항의 느슨한 관리 체계를 고발하는 편지를 편집주간에게 보내도 좋겠다.

처음 시작할 때는 재미있는 토막 뉴스를 꾸며보는 것도 좋다. 예를 들어, '니느웨 단신'이라는 칸을 마련하여, "니느웨 시민들이 궁정의 연회장에서 예배를 드리다!", "니느웨 시장이 재임 시에 횡령한 금화 50만 냥을 국고에 반환하다!"라는 기사를 작성해보면 어떨까? 당신은 이런 방법으로 성경의 내용을 토대로 가족 성경 신문을 만드는 작업에 흥미를 더할 수 있다.

혹은 하나님께서 니느웨 백성을 용서하셨으니 유대인들을 향해 니느웨 사람들에게 원한을 품지 말라는 내용을 골자로 하는 사설을 작성해볼 수 있을 것이고, "욥바 해운 소속의 모 선박이 화물을 유실했다는 소식에 욥바 해운의 주가 폭락!"이라는 단신으로 경제면을 꾸며볼 수도 있을 것이고, "올 가을에는 니느웨에서 굵은 베로 짠 회개복이 유행할 것으로 예상된다!"라는 문구로 패션면을 만들어볼 수도 있을 것이다.

가족 중에 그림에 소질 있는 사람이 있다면, 욥바의 한 여행사가 '다시스 유람' 상품을 내놓고 고객을 끄는 광고를 그린 뒤에 "국내 최

신도시 건설 계획 승인

신도시 건설 계획이 승인되었다. 머지않아 기공식이 있을 전망이다. 신도시는 시날 평지에 들어설 예정이다.

신도시의 건물들은 현대적 감각을 살려 최신 특수 공법으로 건축될 것이다. 그중에서도 가장 눈에 띄는 볼거리는 하늘까지 닿을 것으로 예상되는 마천루이다. 이 건축물은 벽돌과 역청으로 지어질 것이다.

이 도시의 이름은 '바벨'이다. 이 도시의 완공 시점에 세간의 이목이 집중되고 있다. 옆의 그림은 신도시의 조감도이다.

신문 이름 변경

지금까지 사용하던 본 신문의 이름 'Noah's Notes'가 다소 시대에 뒤떨어지는 느낌이 있기 때문에 이제부터 시대에 부응하고자 신문 이름을 '타워 타임즈(Tower Times)'로 바꾸었다. 신도시에는 새로운 신문이 필요할 것이다!

오늘의 토막 상식

홍수 이전에는 비가 한 번도 내리지 않았다는 사실을 알고 있는가? 당시 토양은 안개로부터 수분을 흡수했다. 노아가 하늘에서 물이 떨어질 것이라고 말했을 때 당시 사람들은 그를 크게 조롱했다. 그러나 그들은 노아의 말을 들어야 했다. 때가 되자 하나님께서 말씀하신 그대로 되었고, 노아와 그의 가족만이 살아남았기 때문이다.

노아 기자의 날씨 정보

날씨는 매우 화창할 것으로 예상된다.
특히 내년 여름까지는 맑은 날이 지속될 전망이다.

최초의 살인 사건

내일이면 세계 최초의 살인 사건이 벌어졌던 날이 또 돌아온다. 다음의 내용은 당시 사건을 둘러싸고 벌어졌던 재판에 관한 기사를 원문 그대로 옮긴 것이다.

사건 번호. 4:1-15.

최초로 살해당한 피해자의 피가 지금도 이 땅을 적시고 있다. 희생자는 아담의 아들 아벨이고, 살인자는 그의 형 가인이다. 재판은 매우 극적으로 진행되었다. 판사는 하나님이시고 배심원들은 없었다. 가인은 스스로를 변호했고 검사는 판사를 향해 울부짖는 아벨의 피였다.

사건의 전모는 이렇다. 가인은 농부였으므로 땅의 열매로 하나님께 희생제사를 드렸다. 반면 아벨은 양치기였으므로 가축 가운데 제일 좋은 것을 잡아 하나님께 드렸다. 그런데 하나님은 아벨의 제물은 받고 가인의 제물은 받지 않으셨다. 이에 불만을 품은 가인이 기회를 엿보다가 동생과 단둘이 있을 때 끔찍한 살인을 저지른 것이다.

판사가 가인에게 아벨이 어디 있는지 아느냐고 물을 때, 가인은 "모르겠습니다. 제가 동생을 지키는 사람입니까?"라고 대답했다. 바로 그때, 땅에서 검사의 호소하는 목소리가 들렸고 이로써 가인의 거짓말이 들통 났다.

판사는 유죄판결을 내렸다. 판결문의 요지는 다음과 같다.

1. 가인의 작물이 결코 자라지 못할 것이다.
2. 가인은 도망을 다니며 유랑하는 자가 될 것이다.

그러자 가인이 판사를 향해 "제 죄가 무거워 견딜 수 없습니다!"라고 말했다. 이에 판사는 가인에게 증표를 주며, 누구든지 가인을 죽이면 7배나 더 무거운 벌을 받게 될 것이라고 했다.

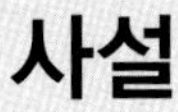

사설

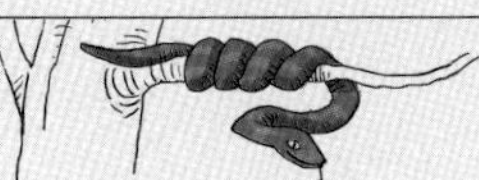

뱀을 조심하라!

지금으로부터 몇 백 년 전, 아담의 아내 하와가 모든 피조물 가운데 가장 교활한 뱀의 유혹을 받았다. 하와는 그 유혹에 굴복했고, 그로 인해 인간은 에덴에서 추방당했다. 그러면 하와가 굴복한 까닭이 무엇일까? 하나님과 동등한 위치에 서기를 바랐기 때문이다.

그 사건이 있은 직후, 인간은 마천루를 건축하기 시작했다. 목적은 그들이 표방하는 그대로 '하늘에 닿기' 위함이다. 하와가 하나님과 동등해지기 위해 했던 짓을 오늘날 그들이 또다시 자행하고 있는 것은 아닌지! 아무래도 그들은, 하나님께서 뒷짐을 지고 앉아 인간들이 마구 조롱하는 것을 그냥 방관하고 계실 것이라 생각하는 모양이다. 그러나 하나님께서는 아담과 하와를 심판하신 것처럼 그들을 심판하실 것이다. 아담과 하와 시대에 살았던 뱀이 지금은 다른 모습을 하고 있을지 모른다. 그러나 그는 지금도 여전히 옛날에 하던 게임을 즐기고 있다. 그러니 그 사악한 뱀을 경계하라!

—방심을 모르는 뱀 사냥꾼이

편집자의 글

지난주 '진화'(進化) 시(市)에 사는 '무신론자' 씨에게 편지 한 통을 받았다. 질문의 요지인즉 우주 만물이 어떻게 시작되었는지 알고 싶다는 것이었다. 이에 성경에서 직접 뽑아낸 사실들로 답하겠다.

태초에 하나님께서 천지를 창조하셨다. '창조'라는 말은 무(無)에서 유(有)를 만들어내는 것이다.

하나님께서는 첫째 날에 낮과 밤을 창조하셨다.

둘째 날에는 물과 물을 나누고 그 사이에 공간을 두셨다. 하나님께서는 이 공간을 '궁창'이라 부르셨다.

셋째 날에는 물을 한곳으로 모으시고 뭍이 드러나게 하셨다. 물은 하늘 아래 있는 물이었다. 하나님께서는 이 물을 '바다'라 칭하시고 뭍을 '땅'이라 칭하셨다. 하나님께서는 채소와 나무를 창조하시어 땅에서 자라게 하셨다.

넷째 날에는 해와 달을 창조하셨다.

다섯째 날에는 바다의 동물들과 공중의 새들을 창조하셨다.

여섯째 날에는 땅의 동물들과 인간을 창조하셨다. 하나님께서는 자신의 형상을 따라 인간을 창조하시고 땅의 살아 있는 모든 것을 다스리는 권세를 주셨다.

더 궁금한 점이 있는 독자는 편집부로 편지를 보내주기 바란다. 가능한 한 친절히 답변하도록 하겠다.

—편집주간

주택 광고

새로운 시작, 에덴동산! 당신만을 위한 평화롭고 고요하고 넓은 집. 먹을 양식도 많음. 태초부터 지금까지.
자세한 사항은 에덴 동산에 사는 아담과 하와에게 문의하시오. 전화번호. 창 1:1–2:25.

인물, 인물, 인물

"바벨탑 건설 현장에서 이 시대의 영웅을 만나다!"

이달의 유명 인사는 구스의 아들 '니므롯'이다. 그는 이 땅의 첫 용사이다. 그는 하나님 앞에 강한 사냥꾼이다. 그래서 오늘날 많은 사람들이 "하나님 앞에 니므롯같이 용감한 사냥꾼이 되자!"라는 구호를 외치며 다닌다.

그는 바벨 신도시 건설의 책임자로서 바벨을 장래 앗수르의 수도인 니느웨처럼 만들 계획을 갖고 있다.

구합니다!

아브라함과 사라 부부가 아기를 구합니다. 전화번호. 창 11-2930

당신도 젊어질 수 있다!

젊음을 유지하기 위한 므두셀라의 969가지 비법. 주소 : 에녹거리 527번지. 개점시간 : 천 년 후.

독자 기고 우리는 하나!

우리는 홍수의 교훈을 깨달았다. 수백 년 전 하나님께서 큰 홍수를 일으켜 죄에 빠져 있던 인류를 깨끗하게 쓸어버리셨다. 홍수의 결과, 노아와 그의 가족만 살아남았다. 우리는 모두 노아의 자손이다. 우리는 모두 공통된 배경을 갖고 있다. 그러므로 몇 가지를 지적하고 싶다.

첫째, 우리는 같은 언어를 사용하고 있다. 우리는 아무하고나 쉽게 의사소통을 할 수 있으며 지식을 교환할 수 있다.

둘째, 우리는 하나이기 때문에 이 땅에 전쟁이 없다.

셋째, 이 땅에 전쟁이 없으므로 우리는 기술 발전과 삶의 조건을 향상시키는 데 집중할 수 있다.

하나님께서 우리를 '하나로' 만들어주신 데는 분명 이유가 있을 것이다. 나는 그 이유 가운데 하나가, '우리가 하나님께 가도록 하기 위한 것'이라 믿는다. 그러면 그것을 위한 구체적인 방안은 무엇일까? 하늘까지 닿는 건물을 짓는 것이다! 우리는 하나님처럼 될 수 있다!

하나님은 분명 우리의 계획을 좋아하실 것이다. 왜냐하면 우리가 하나님처럼 되면 더 이상 우리를 심판하지 않아도 되실 것이기 때문이다. 그러니 바벨 건설에 박차를 가하자!

– 혼잡 시에 사는 어리석음 씨

노아표 선박, 매진 임박! 주문을 서두르세요!

굳은날을 대비해 저축하신다고요? 그러지 말고 배를 구입하십시오! 노아, 셈, 함, 야벳이 건조한 견고한 배! 잣나무 선박 건조 전문. 넓은 화물칸. 아라랏 산에 계류장 구비. 창 6-922로 전화하셔서 지금 즉시 주문하세요!

저가 할인 혜택!(어쩌면 배 밑창에서 자야 할지도 모름)"이라는 문안을 적어볼 수도 있을 것이다.

또한 성경에 등장하는 주요 인물의 부고란을 꾸며보면, 그들의 업적이나 인간관계에 대해 간략히 요약할 수 있을 뿐만 아니라 그들의 삶에 대해 다시 한 번 생각해볼 기회를 가질 수 있다.

또 하나의 좋은 아이디어는 특정 인물과의 인터뷰 기사를 싣는 것이다. 요나서의 경우라면 선장이 좋은 대상이 되겠지만, 굳이 인물 선정에 제한을 둘 필요는 없으므로 큰 물고기나 벌레의 시각으로 요나서의 사건을 재조명해보는 것도 좋겠다. 큰 물고기에게 "당신은 요나가 바로 그 시각 그 지점에서 배 밖으로 던져질지 알고 있었습니까? 불순종한 선지자를 배 속에 넣고 다닐 때 느낌은 어땠습니까? 소화불량에 걸리지 않았습니까? 당신을 만드신 창조주가 어떤 분이라고 생각합니까?"라고 질문하면 어떨까?

나도 성경 작사가!

어쩌면 당신 가족이 성경을 토대로 신문 만드는 작업에 별반 흥미를 느끼지 못할지도 모른다. 그렇다면 성경을 토대로 노랫말을 만들어보는 것은 어떨까?

나는 성경의 내용을 토대로 노랫말을 만든 뒤에 익숙한 찬송가나 복음성가 가락에 맞추어 부르기를 좋아한다. 이렇게 하려면 악보의 음표에 노랫말의 음절 수를 맞추는 수고를 해야 하지만, 음표의 박자에 따라 음절을 늘이고 줄이는 기술을 활용하면 어렵지 않게 노래를 부를 수 있다.

다음은 내가 "예수 사랑하심은"(찬송가 411장) 곡조에 맞추어 만든 노랫말이다. 가사는 요나서를 토대로 했으며 악보상 두 마디가 요나서 한 장의 내용을 요약한다.

요나 주 뜻 거역해. 물고기에 갇혔네.
니느웨는 회개해. 벌레 넝쿨 먹었네.
(후렴)
부르심 순종! 부르심 순종!
부르심 순종! 하나님의 구원!

가족의 수가 많거나 소그룹으로 성경공부를 하는 경우라면 역할을 분담하여 한 절씩 노랫말을 만들어볼 수도 있다. 다음 악보의 노랫말은

노래로 부르는 요나서

F Bb F C
1.하 나 님 이 요 나 불 러 선 교 사 명 주 셨 네
2.큰 물 고 기 속 에 갇 혀 요 나 주 께 기 도 해
3.요 나 니 느 웨 에 도 착 주 님 말 씀 선 포 해
4.성 밖 으 로 나 온 요 나 주 께 불 평 또 불 평
F Bb F C F
요 나 주 뜻 무 시 하 고 다 시 스 로 향 했 네
위 기 상 황 가 운 데 도 감 사 기 도 드 렸 네
슬 픈 소 식 전 해 듣 고 왕 과 백 성 회 개 해
하 나 님 이 넝 쿨 준비 하셔 그 늘 지 게 하 셨 네
C F Bb F C
거 친 폭 풍 일 어 나 서 제 비 뽑 기 하 였 네
요 나 마 음 활 짝 열 고 말 씀 순 종 결 심 해
굵 은 베 로 고 쳐 입 고 금 식 선 포 했 다 네
하 나 님 이 벌 레 준비 하셔 갉 아 먹 게 하 셨 네
F Bb F C F Bb F
사 람 들 은 두 려 워 서 요 나 던 져 버 렸 네
하 나 님 이 허 락 하 셔 요 나 탈 출 성 공 해
하 나 님 이 뜻 돌 이 켜 구 원 선 물 주 셨 네 아 멘
하 나 님 의 무 한 자 비 교 훈 삼 아 배 우 세

일단의 소그룹 구성원들이 요나서의 내용을 토대로 만든 것이다. 이것을 "죄짐 맡은 우리 구주"(찬송가 487장) 곡조에 맞춰 불러보기 바란다.

성경 게임으로 말씀과 재미가 동시에

소그룹이나 가족 단위로 성경공부를 할 때, 학습의 흥미를 유발하기 위한 가장 쉬운 방법은 블루마블(재산 증식형 게임) 같은 게임을 성경적인 게임으로 바꾸어 하는 것이다. 이런 통속적인 게임들은 집에서 만든 성경 질문 카드만 있으면 수월하게 할 수 있다.

게임 참여자들은 카드에 적힌 성경 퀴즈에 답변해야만 자기 '말'(馬)을 움직일 수 있다. 어떤 사람이 답변을 하지 못할 경우, 게임 진행자는 답을 알려주는 대신 관련 성경구절을 일러주어 그 사람이 직접 해당 구절을 찾아 큰 소리로 읽게 한다. 그래도 답변하지 못하는 사람은 벌칙으로 자기 차례에 한 번 쉬게 한다. 그리고 게임 참여자들이 뽑았던 카드는 다시 탁자 위에 놓인 카드들 속에 섞어둔다. 이렇게 하면 게임 참여자들은 자기가 그 카드를 언제 또 뽑게 될지 모르므로 퀴즈의 내용과 정답을 암기하려 노력하게 된다. 그리고 카드에 "정답을 맞힐 경우에는 앞으로 3칸 이동하시오!", "답을 맞히지 못하면 뒤로 2칸 물러나시오!" 같은 흥미로운 문구를 적어 변수를 설정해놓으라.

당신은 이런 식으로 다른 많은 게임들도 성경적으로 변형할 수 있으며, 게임 자료들을 준비하는 과정에서 온 가족이 유익을 얻을 수 있다.

질문 카드 작성하기

게임에 사용할 질문들을 만들다보면 성경읽기가 더욱 흥미로워진다. 질문의 내용은 사실 관계에 관한 것이 아니어도 무방하다. 적용에 관한 사항들도 질문에 포함시킬 수 있기 때문이다. 다음은 게임에서 활용하기 위해 잠언에서 뽑아낸 질문들이다.

- ☐ 아무에게나 마음을 여는 게 좋지 않은 이유는 무엇인가?
- ☐ 반드시 피해야 할 구제 불능의 사람은 어떤 사람인가?
- ☐ 음탕한 여자를 식별할 수 있는 방법은 무엇인가?
- ☐ 나태한 사람을 식별할 수 있는 방법은 무엇인가?
- ☐ 가족 간의 다툼을 제거할 수 있는 방법은 무엇인가?
- ☐ 납치(유괴)를 피하려면 어떻게 해야 하는가?
- ☐ 일확천금을 꿈꾸는 것이 바보짓 중에서도 으뜸가는 바보짓인 까닭은 무엇인가?
- ☐ 빚보증을 서면 안 되는 까닭은 무엇인가?
- ☐ 친밀한 우정 관계에 가장 해로운 것은 무엇인가?
- ☐ 논쟁에서 이길 수 있는 가장 확실한 방법은 무엇인가?
- ☐ 바보들이 종종 지혜로운 척을 하면서도 남들에게 들키지 않는 까닭은 어떤 식으로 자신을 포장하기 때문일까?
- ☐ 어떻게 해야 다른 사람들의 호감을 얻을 수 있을까?
- ☐ 어떻게 해야 우리보다 신체적으로 더 강한 사람을 이길 수 있을까?

□ 원수가 망할 때 즐거워하면 안 되는 이유는 무엇인가?

□ 어리석은 자가 되는 것보다 더 나쁜 것은 무엇인가?

□ 인생의 실패자가 되는 가장 위험한 길은 무엇인가?

이 모든 질문에 대한 대답은 잠언에 들어 있으니 천천히 읽으면서 찾아보기 바란다.

성경 낱말 퍼즐

낱말 맞추기 놀이(크로스워드 퍼즐)를 좋아하는가? 그렇다면 성경에 있는 낱말을 사용하여 직접 만들어보는 것은 어떨까?

성경 낱말 퍼즐을 만드는 것은 전혀 어렵지 않다. 성경(구약 또는 신약 전체나 특정한 책이나)을 읽으며 주요 단어(인명, 지명, 주요 용어 등)를 뽑아라. 그리고 낱말들을 상하좌우로 서로 엇갈리게 엮어 배열하라. 이렇게 주요 단어들을 배열했으면, 다시 성경을 읽으면서 군데군데 빈칸을 채워줄 단어들을 찾아라. 그런 다음에 성경의 내용을 떠올리면서 문제를 작성하라.

다음은 내가 성경 내용을 바탕으로 만들어본 것이다. 당신이 해본 다음, 이보다 더 재미있게 만들어보라.

성경 가로세로 낱말퍼즐

빈칸을 모두 채운 다음, ✝ 표시 칸의 글자를 이용하여 다음 구절을 완성하시오.

"○○○와 같이 마음을 다하며 성품을 다하며 힘을 다하여 여호와를 향하여 모세의 모든 율법을 온전히 준행한 임금은 ○○○ 전에도 없었고 후에도 그와 같은 자가 없었더라"(왕하 23:25).

(정답 : 263쪽)

가로

1 모세의 어머니(출 6:20).

3 예수 그리스도가 ○○ 지파를 통해 오실 것이라는 예언을 야곱으로부터 들었는데, 그것은 마침내 성취되었다(마 1:2).

5 "요나가 여호와의 낯을 피하려고 일어나 다시스로 도망하려 하여 ○○로 내려갔더니 마침 다시스로 가는 배를 만난지라 …"(욘 1:3).

6 다윗의 증조할머니로 메시아의 족보에 오른 여인(마 1:5,6).

7 '나의 사자'라는 뜻으로, 구약 마지막 책의 저자(말 1:1).

10 지중해 연안에 있는 무역항으로, 이사야 선지자가 이곳의 멸망을 예언했다(사 23:10,14).

12 자손, 후손을 이르는 말.

14 "야곱이 아침에 일찍이 일어나 ○○ 하였던 돌을 가져 기둥으로 세우고 그 위에 기름을 붓고 그곳 이름을 벧엘이라 하였더라 …"(창 28:18,19).

15 사사 시대에 이스라엘 민족을 7년 동안 압제했던 민족(삿 6:1).

17 세례 요한의 아버지(눅 1:5).

18 '희락', '즐거움'이라는 뜻으로, 베들레헴 사람 엘리멜렉의 아내(룻 1:2,20).

19 메시아의 족보에 등장하는 인물로, 바벨론으로 잡혀간 스룹바벨의 3대 후손(마 1:13).

20 "○는 곧 불이요 불의의 세계라 ○는 우리 지체 중에서 온몸을 더럽히고 생의 바퀴를 불사르나니 그 사르는 것이 지옥 불에서 나느니라"(약 3:6).

22 다윗과 불륜 관계를 맺었지만, 하나님의 은혜로 메시아의 족보에 이름이 올라간 여인(삼하 11:3 ; 마 1:6).

24 자색 옷감 장수로서 바울이 빌립보에서 전도할 때 예수님을 영접했다(행 16:14).

26 모압 왕 발락의 부친(민 22:2).

27 바벨론의 환관장이 고쳐 부른 다니엘의 다른 이름(단 1:7).

30 신약에서 예수님이 언급하신 은밀한 기도 장소(마 6:6).

31 요한계시록에 기록된 일곱 교회 중의 하나로, 외적인 풍요로움과는 달리 주님께 아무런 칭찬도 받지 못하고 책망만 받았던 가련한 교회(계 3:14-19).

34 모세오경 가운데 한 권으로, 애굽의 고된 노예생활에 신음하던 이스라엘 백성이 모세의 영도 아래 애굽을 탈출한 사건에 대한 기록.

세로

1 하나님으로부터 앗수르의 수도 니느웨에 대한 심판을 외치라는 명령을 받은 선지자(욘 1:1,2).

2 예수님의 열두 제자 가운데 빌립, 안드레, 베드로의 출신지로, 예수께서 오병이어의 기적을 베푸신 곳(요 1:44 ; 눅 9:10-17).

4 그리스도의 족보에 이름이 실린 여인으로, 베레스와 세라의 어머니(마1:3 ; 창 38:29,30).

5 구약성경 가운데 한 권으로, 고대 근동에 살던 한 의인(義人)의 고난을 주제로 하는 책.

8 골리앗의 동생(대상 20:5).

9 엘리사의 기름부음을 받아 북이스라엘 왕이 되었으나, 전심으로 율법을 지켜 행하지 않고 금송아지 섬기는 죄에서 떠나지 않아 결국 하사엘의 침략을 받은 왕(왕하 9,10장).

11 예수께서 나귀를 타고 예루살렘에 입성하실 것을 예언한 선지자(슥 9:9).

13 하나님의 심판(바벨론의 예루살렘 침략)을 예언한 눈물의 선지자(렘 1:1).

14 ○○○ 사람은 데살로니가에 있는 사람보다 더 신사적이어서 간절한 마음으로 말씀을 받고 이것이 그러한가 하여 날마다 성경을 상고하므로(행 17:11).

16 아기 예수님이 메시아임을 알아본 나이 많은 여선지자(눅 2:36-38).

17 지중해 연안의 해변 성읍으로 가뭄으로 인한 기근의 때에 엘리야가 머물렀던 곳. 이곳에 사는 과부는 선지자 엘리야의 말을 듣고 마지막 남은 양식을 드려 축복을 받았으며, 엘리야의 기도로 죽은 아들이 살아나는 기적을 체험했다(왕상 17:8-24).

21 지리적으로는 다윗 시대부터 도읍지로 지정된 도시를 말하며, 영적으로는 '천국'을 뜻한다.

23 하나님이 성과 대를 쌓은 이들의 언어를 혼잡케 하시고 그들을 온 지면에 흩으셨던 곳(창 11:9).

25 다음 두 구절에 공통으로 들어갈 말.

"사론은 양 떼의 우리가 되겠고 ○○ ○○○는 소 떼의 눕는 곳이 되어 나를 찾은 내 백성의 소유가 되려니와"(사 65:10).

"거기서 비로소 저의 포도원을 저에게 주고 ○○ ○○○로 소망의 문을 삼아주리니"(호 2:15).

26 미디안으로 도피한 모세와 결혼하여 게르솜과 엘리에셀을 낳은 여인(출 2:21).

28 가나안 정복 당시 에글론의 왕(수 10:3).

29 "바쳐진 사람들"이란 뜻을 가진 ○○○ 사람들은 원래 전쟁 포로들로서 성전에서 청소하고 물을 나르고 나무 패는 일을 했던 사람들이다(느 10:28).

32 여리고 성을 함락시킬 때 전리품을 숨겼다가 돌에 맞아 죽은 사람(수 7:18).

33 논밭에서 나는 곡식 또는 그 곡식의 양을 이르는 말.

대부분의 사람들은 성경을 풀어서 읽는 것을 좋아한다. 당신 나름의 의역판 성경을 만드는 작업은 여간 흥미로운 게 아니다. 그러나 그 전에 하나님 말씀을 읽고 또 읽는 수고를 마다하지 말아야 할 것이다.

다음 이야기는 존 더크워드(John Duckworth)가 요나서의 이야기를 현대적인 형식으로 의역한 것이다.

조안이 기숙사에서 라디오를 들으며 막대사탕을 먹고 있었다. 한가롭고 평화로운 오후였다. 그런데 갑자기 주님의 음성이 들렸다. 조안은 존경심을 표하기 위해 사탕을 뱉어 버리고 라디오를 껐다.

하나님께서 말씀하셨다.

"조안아! 즉시 일어나 복도를 가로질러 207호에 있는 니니아에게 가서 그녀의 친구가 되어주어라!"

조안은 킥킥거렸다. 어찌나 웃었던지 물고기 모양의 귀걸이와 십자가 목걸이가 심하게 흔들렸다. 조안이 말했다.

"아니, 하나님! 농담하지 마세요. 저는 바쁜 사람입니다. 저 다시스탄에 가서 '하나님을 위해' 선교사로 사역하려면 열심히 공부해야 한다는 걸 누구보다 잘 알고 계실 텐데요!"

조안은 다시 키득거렸다.

하나님은 무척이나 심각하신 것 같았다. 목소리도 밝지 않으셨다.

조안은 어색한 분위기를 피하려고 성경을 폈다. 그러나 몇 절 읽지 않고 책을 덮고서는 천장을 향해 얼굴을 찌푸리며 말했다.

"하나님! 말도 안 돼요! 니니아의 별명이 '고래'라는 것을 모르시나요? 그 애는 몸무게가 적어도 100킬로그램은 될 거예요. 그 애랑 같이 있는 것을 다른 애들이 혹 보기라도 한다면 저는 왕따가 될 거예요."

조안은 사탕 껍질을 쓰레기통에 던져버렸다.

"그리고 또 그렇게 되면 선교사의 꿈도 물거품이 되는 거예요! 아시잖아요!"

침묵이 흘렀다. 조안은 다시 천장을 올려다보았다. 형광등 말고는 아무것도 보이지 않았다. 이상하게도 하나님께서는 더 이상 말씀하지 않으셨다.

그로부터 6개월 동안, 조안은 하나님의 음성을 한마디도 듣지 못했다. 하나님께서는 음성을 들려주기는커녕 우편엽서도 보내지 않으셨다. 물론 조안은 무척이나 바빴기 때문에 그런 것에 신경 쓰지 않았다. 그리고 그렇게 반년이 지나는 동안 조안은 다시스탄으로 갈 준비를 끝마쳤다.

마침내 조안은 선교에 필요한 물건들을 가득 챙겨 비행기를 타고 머나먼 다시스탄으로 향했다. 그러나 하나님은 그녀가 탑승한 비행기에 삼인조 납치범들을 함께 태우셨다. 그리고 비행기가 대서양 위를 날아갈 즈음 납치범들이 가방에서 총과 수류탄을 꺼내 승객들을 위협했다. 순간, 승객들은 모두 겁에 질렸다.

그러나 한 사람은 그렇지 않았다. 그 사람은 등받이를 뒤로 젖힌 채 드르렁드르렁 코를 골며 자고 있었다. 바로 조안이었다. 조안 옆에는 한 남자가 불안한 얼굴로 앉아 있었다. 그는 뉴저지 출신의 영업 사원으로 물품 계약을 성사시키기 위해 다시스탄으로 가고 있었다. 그가 조안을 흔들어 깨우며 말했다.

"아가씨! 이런 와중에 잠이 와요? 납치범들이 우리 비행기를 납치했단 말이에요!"

조안은 게슴츠레 눈을 뜨며 중얼거렸다.

"네? 뭐라고요?"

"보아하니 십자가 목걸이를 하고 있는 것 같은데…"

10년 전에 헤어진 친구를 다시 만난 것처럼 영업 사원이 반갑게 말했다.

"기도라도 해주면…"

그러자 조안이 환한 표정으로 성경책을 꼭 쥐며 말했다.

"그렇게 말씀해주시니 고맙습니다. 당신에게 하나님 말씀을 전해도 될까요?"

조안이 그 영업 사원에게 성경을 읽어주자, 비행기에 탑승하고 있던 지방의회 의원과 육군 장교와 야구 선수와 수도승 몇 명이 다가와 경청했다.

순간, 납치범 하나가 객실로 뛰어 들어와 고함을 질렀다.

"조용히 해! 인질 하나를 골라야겠다. 인질만 잡고 나머지는 모두 풀어주겠다!"

승객들은 환호하면서 조안을 가리켰다. 그리고는 합창을 하는 것처럼 한목소리로 외쳤다.

"저 여자를 데려가요!"

그렇게 조안이 납치범에게 끌려 객실 복도를 지나갈 때, 여기저기서 안도의 한숨이 흘러나왔다.

얼마 후, 어떤 공항에 비행기가 착륙했다. 다른 승객들은 모두 풀려났지만 조안은 화물칸에 꽁꽁 묶여 있었다. 그렇게 그녀는 사흘 밤낮을 비행기 화물칸에 갇혀 있었다.

조안은 화물칸 안에서 하나님께 기도했다.

"좋습니다. 하나님! 무엇이 어떻게 된 것인지 이제야 알 것 같습니다. 여기서 나가게 해주시면 그 고래, 아니 니니아에게 가서 힘껏 전도하겠습니다!"

그러자 하나님께서 말씀하셨다.

"내가 네게 전도하라고 하던? 나는 그저 '친구가 되어라!'라고 말했다."

"알겠습니다!"

조안의 기도가 끝나자 곧 납치범들이 조안을 활주로에 던졌다.

그렇게 풀려난 조안은 기숙사로 돌아왔다. 그리고 몇 개월 후에 그녀는 니니아의 가장 친한 친구가 되었다. 그것은 조안에게 그리 쉬운 일이 아니었다. 그러나 일 년쯤 지났을 때, 조안은 자기의 가장 친한 친구까지 니니아에게 소개해주었다. 바로 하나님이었다. 니니아는 새로 알게 된 친구를 무척이나 좋아하는 것 같았다.

그리고 어느 날, 하나님께서 조안에게 두 번째로 음성을 들려주셨다.

"조안아! 일어나라!"

"아이고, 하나님! 이번엔 또 어디로 가라는 말씀이에요?"

"다시스탄으로 가야 하지 않겠니?"

"네, 알겠습니다!"

조안은 이번에 비행기 대신 배를 탔다.

성경공부만 하지 말고 말씀대로 살라!

당신이 결심하기만 한다면 당신은 개인적으로 성경 읽는 시간을 흥미롭게 만들 수 있으며, 하나님 말씀을 다른 사람들과 나누는 시간 역시 매우 흥미진진하게 만들 수 있다. 성경으로부터 더 많은 것을 얻기 위해 사용할 수 있는 방법들이 많기 때문이다. 그러나 주객이 전도되어 하나님 말씀을 깨닫는 것보다 방법 자체에 몰두하는 과오를 저질러서는 안 되며, 그저 지적 호기심을 충족하기 위해 기계적으로 성경을

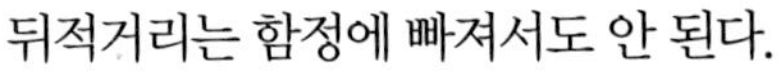

뒤적거리는 함정에 빠져서도 안 된다.

무슨 방법이든지 우리가 활용하는 방법은 성령께서 더 나은 목적(살아 계신 하나님과 더욱 친밀하게 교제하는 것과 영적으로 성장하며 하나님을 닮아가는 것)을 위해 사용하시는 수단이 되어야 한다.

우리를 창조하신 하나님께서 그저 우리의 지적 호기심을 충족시키기 위해 성경을 주신 것이 결코 아니다. 하나님께서는 우리가 말씀으로 감정과 의지를 움직여 하나님의 길을 택하기를 바라신다.

아침 일찍 성경을 읽고 묵상했더라도 일상에서 말씀대로 살지 못한다면 무슨 소용이 있겠는가?

성경을 공부하는 것이 전부가 아니다! 성경대로 살아야 한다!

성경 가로세로 낱말퍼즐 정답

1 요	게	2 벳		3 유	4 다		5 욥	바		6 룻
나		새			7 말	8 라	기		9 예	
		10 다	시	11 스		흐			12 후	13 예
14 베	개			가		15 미	디	16 안		레
뢰		17 사	가	랴				18 나	오	미
19 아	소	르			20 혀		21 예			야
		22 밧	세	23 바			24 루	디	25 아	
26 십	볼			27 벨	28 드	사	살		골	
보		29 느			빌		렘		30 골	방
31 라	오	디	게	32 아		33 소			짜	
		님		간		34 출	애	굽	기	

정답 : 요시야

성경 내비게이션

초판 1쇄 발행 2009년 11월 6일
초판 11쇄 발행 2025년 4월 21일

지은이 테리 홀
옮긴이 배응준

펴낸이 여진구
책임편집 안수경
편집 이영주 박소영 최현수 구주은 김도연 김아진 정아혜
책임디자인 마영애 노지현 조은혜 정은혜
홍보 · 외서 진효지
마케팅 김상순 강성민
제작 조영석 허병용
마케팅지원 최영배 정나영
경영지원 김혜경 김경희

303비전성경암송학교 유니게 과정
이슬비전도학교 / 303비전성경암송학교 / 303비전꿈나무장학회

펴낸곳 규장

주소 06770 서울시 서초구 매헌로 16길 20(양재2동) 규장선교센터
전화 02)578-0003 팩스 02)578-7332
이메일 kyujang0691@gmail.com
홈페이지 www.kyujang.com
페이스북 facebook.com/kyujangbook
인스타그램 instagram.com/kyujang_com
카카오스토리 story.kakao.com/kyujangbook
등록번호 1922-2461
since 1978.08.14

책값 뒤표지에 있습니다.
ISBN 978-89-6097-129-5 03230

규 | 장 | 수 | 칙

1. 기도로 기획하고 기도로 제작한다.
2. 오직 그리스도의 성품을 사모하는 독자가 원하고 필요로 하는 책만을 출판한다.
3. 한 활자 한 문장에 온 정성을 쏟는다.
4. 성실과 정확을 생명으로 삼고 일한다.
5. 긍정적이며 적극적인 신앙과 신행일치에의 안내자의 사명을 다한다.
6. 충고와 조언을 항상 감사로 경청한다.
7. 지상목표는 문서선교에 있다.

하나님을 사랑하는 자 곧 그의 뜻대로 부르심을 입은 자들에게는 모든 것이 合力하여 善을 이루느니라(롬 8:28)

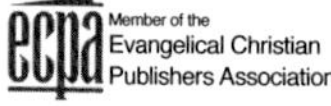

규장은 문서를 통해 복음전파와 신앙교육에 주력하는 국제적 출판사들의 협의체인 복음주의출판협회(E.C.P.A:Evangelical Christian Publishers Association)의 출판정신에 동참하는 회원(Associate Member)입니다.